KUNSTMANN

# INHALT

# Einleitung

*Die Exzesse in den USA waren möglich wegen des missionarischen Eifers, mit dem Ronald Reagan und seine Jünger Gesetze annullierten, die im 19. Jahrhundert und in der Folge des Börsenzusammenbruchs 1929 eingeführt worden waren. Wenn der Wirtschaft klare Regeln fehlen, fühlen sich die Manager unter Druck, die rechtlichen Lücken auszunutzen. Kapitalismus funktioniert aber nur, wenn die Motive des Eigeninteresses und der Habgier kontrolliert werden.*
*(John Ruggie, Politologe an der Harvard Universität, in* Die Zeit *35/2002)*

Millionen von Sparern haben in den neunziger Jahren ihr Geld in Aktien angelegt, weil die Aktienkurse der neuen Telekomfirmen höhere Erträge versprachen als Sparzinsen. Investmentfonds haben das Geld ihrer Klienten auf Aktien umgeschichtet, und Gesetze wurden geändert, um auch bei Versicherungen und Pensionsfonds die Umschichtung von stabileren Wertpapieren auf Aktien zu ermöglichen. Die Aktienspekulation vor und nach der Jahrtausendwende war die größte Spekulationsblase in der Börsengeschichte. Für den amerikanischen Markt hat man inzwischen einen Verlust für die Anleger allein im Telekombereich von zwei Billionen Dollar errechnet, eine halbe Million Menschen haben ihre Arbeit verloren, die Rentenkonten von Millionen von Amerikanern sind entwertet, hunderte von Firmen sind kollabiert, und die Konjunktur ist eingebrochen. Aber es gab auch Gewinner, die von der Umschichtung enorm profitierten: Eine kleine Gruppe von Insidern, von Wirtschaftsführern und Finanzmanagern brachte ihre Schäfchen ins Trockene, bevor die Firmen untergingen. Manche von ihnen stehen inzwischen vor Gericht, aber die Gesetzeslage ist bei der Erfassung der Weiße-Kragen-Kriminalität noch immer wesentlich lückenhafter als bei anderen Straftaten.

Im Mittelpunkt meines Interesses bei der Arbeit an diesem Buch stand die Börsenblase der neunziger Jahre, ihre Entstehung und die Gründe ihres Scheiterns (Kap. 1). Ich habe über die Akteure und ihre Gruppenbildungen und Netzwerke recherchiert. Die Wall Street war das Zentrum dieser Euphorie, die sich in alle Welt verbreitete und auch Deutschland den »Neuen Markt« bescherte, ein neues Börsensegment, in dem nur Aktien von Firmen für Telekommunikation und Informationstechnik gehandelt wurden.

Zunächst sollen die Voraussetzungen skizziert werden, die diese beispiellose Entfesselung des Aktionärskapitalismus ermöglichten, die konservative Wende unter Reagan und die neue Lehre des *shareholder value*, mit der die Ökonomie eine theoretische Legitimation für die »greedy generation« bot, indem sie Habgier und Verantwortungslosigkeit zum Kern menschlichen Verhaltens erklärte (Kap. 1). Um die Vorgänge an der Wall Street zu verstehen und die Stimmung erfassen zu können, die sich dort für zwei Dekaden verbreitet hat, muss man zunächst zurückgehen in die Zeit der Firmenpiraten (*corporate raiders*), als Michael Milken und seine Schüler und Kumpane mit den feindlichen Übernahmen viel Geld verdienten. Ihre Spekulationsmanöver verdeckten sie geschickt mit dem Slogan der »Befreiung der Konzerne von der Bürokratie«, der ihnen den Ruf einer neuen innovativen Generation bescherte und deshalb nicht sofort als Legitimationsmanöver durchschaut wurde (Kap. 2).

Märkte entstehen dort, wo es etwas zu verdienen gibt, und so wurde aus den feindlichen Übernahmen der achtziger Jahre bald ein Markt für Unternehmen, auf dem die Investmentbanken blühende Geschäfte mit Fusionen und Aufkäufen von Firmen (*mergers & acquisitions*) betrieben (Kap. 4). Diesen Markt für Unternehmen deutete die ökonomische Theorie als ein externes Kontrollorgan, das die Manager dazu zwingt, ihre Unternehmensführung am Aktienwert (*shareholder value*) auszurichten: Die Unternehmensführung (*corporate governance*), die Kapital, Arbeitszeit und Energie in langfristige betriebliche Entwicklungen, in Ausbildung des Personals oder in Umweltschutz steckt, beraubt den Aktionär nach dieser Theorie der Möglichkeit, über seine Gewinne selbst zu verfügen und sie auf andere, vielleicht gewinnbringendere Weise anzulegen. Der Markt für Unternehmen sorge nun nach dieser Philosophie dafür, dass Manager, die sich nicht ausschließlich am Aktienkurswert orientieren, durch die Übernahme oder eine Übernahmedrohung dazu gezwungen werden, diese Regel einzuhalten.

Mit dieser neuen Sicht auf Aufkäufe und Fusionen entwickelte sich in den neunziger Jahren eine Reihe von Verfeinerungen der Übernahmetechniken, die zu neuen Arbeitsteilungen an den Börsen führte. Mit einem aufgeblasenen Personalstock begannen die Investmentbanken den Markt routinemäßig auszubauen, und Unternehmensberater propagierten *mergers & acquisitions* (*M&A*) als neue Geschäftsstrategie. Hinzu kamen die Börsengänge der neuen Internetfirmen. Die Gebühren und Honorare für die Herstellung der optimistischen Stimmung für die neuen Firmen und die Fusionsbegleitung richteten sich nach dem Volumen der Transaktionen – je höher der Aktienkurs, desto höher fielen die Provisionen der aufblühenden Finanzdienstleistungsbranche aus.

Davon profitierten neben den Investmentbanken insbesondere drei bis dahin eher unauffällige Professionen: die Berater, die Wirtschaftsprüfer und die Finanzanalysten, die in den folgenden Kapiteln (Kap. 5, 6, 7) betrachtet werden sollen. Heute weiß man, dass viele Internetfirmen niemals Gewinne erwirtschafteten und dass Fusionen in sieben von zehn Fällen misslangen, eine Tatsache, die darauf zurückweist, dass die Manager den persönlichen Gewinn, den sie durch die Einlösung ihrer Aktien erlangen konnten, über die Interessen der Firmen stellten. Während ein großer Teil der Internetfirmen nicht überlebte, gerieten die fusionierenden Firmen durch die hohen Kurse bei den Übernahmen in der Regel in tiefe Schulden: Weniger als zehn Jahre der Privatisierung haben bei der Deutschen Telekom beispielsweise genügt, aus dem einst blühenden Unternehmen eine Firma zu machen, deren Manager mehrere Millionen Euro im Jahr verdienen, während der Firma selbst durch Übernahmen eine Schuldenlast von 64 Milliarden Euro aufgeladen wurde. Die Verluste der Telekom für das Jahr 2002 werden auf die Rekordsumme von 28 Milliarden Euro geschätzt!

Die Etablierung dieser Techniken erfolgte unter dem Leitbild eines »neuen Zeitalters« mit einer »neuen Ökonomie«, deren Kennzeichen Telekommunikation, Internet, Globalisierung und Standortwettbewerb waren. Doch genau genommen befanden sich die Firmen je nach Ausstattung mit Eigenkapital gar nicht im Standortwettbewerb, sondern vielmehr unter dem Druck der Finanzbranche: Nicht die Firmenprodukte traten auf dem Markt gegeneinander an, sondern die Aktienkurse bestimmten über das Schicksal einer Firma. Die Wall Street und der »Neue Markt« prosperierten vom anschwellenden Aktienboom so kräftig, dass die Banker und die Manager der »neuen Ökonomie«, die Analysten, Wirtschaftsprüfer, Anwälte, Berater und Werbeagenten in den Finanzmetropolen sich zu einer Art neuer Dienstleistungsklasse formierten, deren neobarocken Lebensstil man als Mogulstil beschrieben hat (Kap. 8).

Dass die Spekulation etwas Anrüchiges ist, hat die Bankiers immer schon geärgert, und sie haben alles daran gesetzt, sie als seriös und wissenschaftlich abgesichert erscheinen zu lassen. Die Entwicklung von mathematischen Modellen der Risikoabsicherung schien in diesem Ehrenpunkt endgültig den Durchbruch zu bringen, als Merton und Scholes für ihre ausgeklügelten Modelle der Risikoabsicherung von Fonds der Nobelpreis verliehen wurde. Doch als ihrem Hedge-Fonds, der nach der gepriesenen Methode arbeitete und unter Bankern das höchste Ansehen genoss, kurz darauf der Bankrott drohte und er nur mit Mühe und dem Geld anderer Einleger gerettet werden konnte, war erneut klar: Risiken lassen sich auch mit Hilfe mathematischer Berechnungen nicht beherrschen (Kap. 9). Ein Schauspiel für das Zusammenwirken all dieser Faktoren bot der Fall Enron (Kap. 10), in dem sich alles vereinigt, was die Besonderheiten dieser Episode ausmacht – von der Deregulierung des Energiemarkts über die politische Bestechung und die Bilanzfälschung bis zum Afghanistankrieg.

Kontinentaleuropa blieb ein Nebenschauplatz, das Spielfeld ist nicht groß, denn die Börsenkapitalisierung hält sich hier trotz aller Anstrengungen nach wie vor in Grenzen. Trotz des großen Spektakels mit seinen Stars und seinen beispiellosen Medienkampagnen haben sich auch zu Höchstzeiten des »Neuen Marktes« in Deutschland nicht einmal zehn Prozent der Bevölkerung von der Euphorie anstecken lassen. Der »Neue Markt« soll daher im Jahre 2003 wieder geschlossen werden. Kontinentaleuropa wird die eigenen Fälle Telekom, Vivendi, Flowtex oder EM.TV verkraften. Schwerer wiegen freilich die Schäden im Bankgewerbe. Tatsächlich leiden die deutschen Banken und Versicherungen, die sich fit machen wollten für die Globalisierung, heute schwer unter ihrem Ausflug in das gelobte Land der Börsenspekulation.

Die Frage, ob sich Europa ganz auf das amerikanische Modell umstellt oder ob die kontinentaleuropäischen Wohlfahrtsstaaten erhalten bleiben, hängt ganz entscheidend von der politischen Konstellation ab. Das sieht auch die Beratungsfirma Andersen Consulting so, die in einer höchst brisanten Studie, mit der die Unternehmensberater auf ihre Arbeit vorbereitet werden sollen, ein »Europa im Jahre 2008« ausmalt (Kap. 11). Hier hat eine Beratungsfirma einmal alle modischen neologistischen Floskeln weggelassen, und es kommen drei realistische Zukunftsoptionen zum Vorschein: das politisch starke Europa, das eine ökologisch und sozial aufgeklärte Festung darstellt, das vermarktete und unaufgeklärte Europa mit großen Klassenunterschieden und hoher Kriminalität, in dem der Staat und der Mittelstand verarmt sind und Universitäten, Kultur und Bildung von den multinationalen Unternehmen betrieben werden, und im dritten Fall eine Mischung von Ländern mit unterschiedlichem Stil, die ein Patchwork-Europa bilden. Welche Option Kontinentaleuropa wählt, ist eine Frage der Aufklärung und der politischen Durchsetzungskraft von Ideen und Akteuren – eine Frage, die noch nicht entschieden ist und die nicht zuletzt auch von der deutschen Haltung abhängt.

Die Einführung des Aktionärskapitalismus in Deutschland hat zur Auseinandersetzung zweier Gruppen von Wirtschaftsführern um die Zukunft des rheinischen Kapitalismus geführt, die sich in der derzeitigen Debatte über ein deutsches Reglement zur Unternehmensführung widerspiegelt (Kap. 12). Ob hier der Börsenkrach von 2001 ein neues Nachdenken erzeugt hat, wird sich zeigen. Ob die amerikanischen Investmentbanker, die ihre besten Leute nach Europa geschickt haben, um die möglichen nächsten Ziele ihrer Spekulationsattacken vorzubereiten, mit vollen oder leeren Händen abziehen, wird auch vom Ausgang dieser Debatte abhängen.

Neben den deutschen Banken, die als interessantes Objekt gelten, haben die Investmentbanker ein neues Betätigungsfeld ausgespäht: Kontinentaleuropa hat wenig mobiles Kapital, aber es hat viele öffentliche Unternehmungen, die nach dem Willen der EU-Kommission privatisiert werden sollen. Der nächste Angriff dieser Börsenelite ist also bereits programmiert. Dem Wettbewerbskommissar der EU kommt dabei eine Schlüsselrolle zu, denn er kann öffentliche Versorgungsbetriebe wie Post, Bahn, Wasserwerke, Gas- oder Stromwerke, Sparkassen, Schwimmbäder und städtische Nahverkehrsbetriebe als Unternehmen definieren. Damit ist er nicht nur in der Lage, öffentliche Unternehmen, die per definitionem der demokratischen Kontrolle unterliegen und den Bereich der Grundversorgung der Bürger abdecken, als ökonomische Monopole oder als privilegierte Marktteilnehmer darzustellen, die dem Wettbewerbsgedanken widersprechen (Schmidt 1998). Mit dem Instrument des europäischen Wettbewerbsrechts kann er auch erheblichen Druck ausüben und Gemeinden und Länder zwingen, aus dem Bereich der Grundversorgung einen Markt für private, gewinnorientierte Unternehmen zu machen. Die französische Regierung hat zwar entschieden dagegengehalten und dazu beigetragen, dass die Richtlinien zur Privatisierung des *service public* zunächst einmal wieder aufgelockert wurden, und die deutsche Regierung hat mit der Ablehnung der europäischen Übernahmerichtlinien die Hoffnungen von Firmenspekulanten auf einen lukrativen europäischen Markt vorläufig zerstört. Doch wenn Kontinentaleuropa sein eigenes Gesicht behalten will, muss es sich auf Dauer ökonomisch und politisch sehr viel stärker koordinieren und konsolidieren und darf dabei nicht nur die *shareholder* bedienen, sondern muss auch die übrigen *stakeholder* berücksichtigen, um die kulturelle, gewerblich-industrielle und regionale landwirtschaftliche Vielfalt Kontinentaleuropas zu bewahren.

# 1 Vom *shareholder value*, dem Ende der Knappheit und der Natur des Menschen

## Der *shareholder value* und die neokonservative Wende

Ein neues Modewort machte in den neunziger Jahren auch in Deutschland Karriere – *shareholder value.* Manager waren elektrisiert von der Botschaft, die eine neue Art der Unternehmensführung (*corporate governance*) verlangte, die allein auf die Steigerung des Aktienwerts zugeschnitten ist. Mit dem Begriff verband sich in der Tat eine tektonische Verschiebung in der Unternehmensgeschichte, die vom Publikum kaum wahrgenommen wurde: eine radikale Neuorientierung im Kräfteverhältnis zwischen Produktionsunternehmen, soweit sie an den Börsen gehandelt wurden, und den Finanzdienstleistern der Börse. Nikolaus Schweickart, der Vorstandsvorsitzende des Pharma- und Chemiekonzerns Altana AG, beschrieb das Gefühl dieses Umschwungs, als die Vorstandschefs plötzlich »den heißen Atem der Analysten im Nacken« (*Die Zeit* 20/2001) spürten und sich den inquisitorischen Fragen jugendlicher Analysten stellen mussten, die aggressiv die neue Firmenlehre verkündeten und bestens über Zahlen informiert waren, aber noch nie ein Produktionsunternehmen von innen gesehen hatten. Jede der Entscheidungen der Vorstandschefs stand plötzlich unter dem kurzfristigen Erfolgsdruck der neuen Quartalsberichte, langfristige Planungen wurden zu Makulatur, und an jeden Produktionsbereich und jede kleinste Betriebseinheit wurden neue, engmaschige Bewertungsschemata angelegt, die kreative Ansätze im Keim erstickten und die Mitarbeiter einschüchterten. Neue EDV-Messskalen wurden erfunden, damit jede Betriebsaktivität finanziell abgebildet und in den Datenspeichern der Analysten, Unternehmensberater und Investmentbanker erfasst werden konnte. Dort wurden die erfassten Daten überprüft und verglichen, die Kapitalkosten für jedes einzelne Profitcenter mathematisch exakt analysiert und auf ihre wertsteigernde oder wertmindernde Qualität hin eingestuft. Die neue Spezies der Börsenintermediäre, die Berater, Wirtschaftsprüfer, Investmentbanker, Anwälte und Analysten spielten nun die *masters of the universe*, die Herren des Universums, während sich die Vorstandschefs auf den Analystentreffen und Call-Konferenzen zu Schauspielern degradiert sahen, die sich jederzeit für Exklusivinterviews von Analysten und Branchenjournalisten bereithalten mussten.

Was war geschehen? Was hatte den Umschwung der Machtverhältnisse bewirkt?

Der Zweite Weltkrieg brachte entscheidende Veränderungen in der Konstellation der Mächte. Die USA, bis dahin eine protektionistische Hegemonialmacht der westlichen Hemisphäre, begann sich neu zu definieren als atlantische Weltmacht mit neuen Ambitionen, die den Freihandel zu ihrer zivilisatorischen Mission erklärte. Die Intensivierung der Handelsbeziehungen war von Anbeginn ein politisches Mittel zur Stärkung der Bündnispartner gegen den Kommunismus. Legitimiert wurde die Öffnung mit dem Ricardoschen Theorem der komparativen Kostenvorteile, mit dem die Widerstände der isolationistisch eingestellten amerikanischen Zivilgesellschaft gebändigt wurden. Von der exportorientierten Industrie über die Medien und die Wirtschaftswissenschaften bis zu den Gewerkschaften konnte bis Ende der sechziger Jahre Zustimmung für den Liberalisierungskurs gewonnen werden, soweit es sich um fairen Handel handelte, also eine reziproke Öffnung der jeweiligen Märkte. In der Kennedy-Runde, der GATT und der Nachfolgeorganisation WTO wurde daher stets die Reziprozität der Maßnahmen propagiert, und die amerikanische Regierung stellte jeweils Kompensationszahlungen bei Arbeitsplatzverlusten aufgrund von Importkonkurrenz in Aussicht.

Seit den siebziger Jahren jedoch zeichnete sich ab, dass die Vorstellungen von den allgemeinen Vorteilen durch den Freihandel falsch waren. Die Handelsbilanzüberschüsse nahmen ab, und das Vollbeschäftigungsziel konnte nicht mehr erreicht werden. Die Gewerkschaften verließen die Liberalisierungskoalition, und eine Reihe von Politikern der Demokratischen Partei begannen die protektionistische Stimmung in der Bevölkerung aufzugreifen. Die neokonservative Wende in den USA, die von Ronald Reagan eingeleitet wurde und sich in den angelsächsischen Ländern, von Margaret Thatchers England bis nach Australien, ausbreitete, brachte jedoch statt eines verbesserten Schutzes für die eigene Bevölkerung eine Ideologisierung der Politik und eine verschärfte Haltung gegenüber den Gewerkschaften, um die von den Banken geforderte Freihandelsdoktrin zu retten.

Ronald Reagan griff auf die radikale monetaristische *supply side-economy* (Angebotslehre) des einflussreichen Chicagoer Ökonomen Milton Friedman zurück und verknappte zur Dämpfung der Inflation die Geldmenge. Dies hatte jedoch ungeplante Konsequenzen: Die Zinsen stiegen und stürzten die Unternehmen in eine Krise, da die Kreditaufnahme erschwert wurde. Es folgte eine Rezession; die Arbeitslosigkeit stieg weiter an. Durch den Abbau der Handelsschranken strömten zugleich ausländische Billigimporte auf den US-amerikanischen Textil- und Automarkt, und amerikanische Unternehmen begannen mit der Auslagerung ihrer Produktion in Länder mit niedrigeren Löhnen. Die Schwächung der amerikanischen Unternehmen durch Kreditrestriktionen und Freihandelspolitik führte zu der ungewöhnlichen Situation, dass die Gewerkschaften sich gezwungen sahen, ihre Unternehmen zu stützen, um ihre Arbeitsplätze nicht zu verlieren. John K. Galbraith bemerkte dazu, dass es sich hier um den ungewöhnlichen historischen Moment handelte, in dem Gewerkschaften auf starke Unternehmer angewiesen sind (Galbraith 1994:308) – eine Bemerkung, die ihre Gültigkeit nicht mehr verloren hat, denn seither hat sich das Kräfteparallelogramm in der Ökonomie zugunsten des Finanzsektors verschoben.

Der hohe Zinssatz schwächte zwar die Produktionsunternehmen, doch er machte die Banken stark. Seit 1934 waren ihnen durch das Glass/Steagull-Gesetz nur Geschäfte in den Grenzen der einzelnen Staaten erlaubt. Doch sie hatten durch die Einführung von Kreditkartensystemen bereits die Einzelstaatsgrenzen überschritten und begannen sich nun auch nach Übersee auszudehnen. In Ländern der Dritten Welt finanzierten sie die neuen Betriebe zur Herstellung von Tennisschuhen, Jeans und Elektronikteilen. Schon aus Eigeninteresse waren die Banken rigoros gegen jeden Protektionismus: Wie sollten die Entwicklungsländer ihre Zinsen an sie zahlen, wenn die Importe in die Erste Welt beschränkt würden? »Die Chase leistet dem Protektionismus nun schon seit vierzig Jahren Widerstand«, betonte der Chef der Chase Manhattan Bank, David Rockefeller, Anfang der achtziger Jahre gegenüber dem englischen Autor Anthony Sampson (Sampson 1987:231). Die Weltbankiers waren somit schon von ihrer Definition her gegen jeden Protektionismus – je mehr sich die Länder verschuldeten, desto besser ging es den Banken.

Die Politik der Marktöffnung und der Deregulierung, die den Politikern und Ökonomen der Länder Afrikas und Asiens in den Seminaren der Weltbank und des IWF seit den neunziger Jahren als »Washington Consensus« eingetrichtert wurde (vgl. Gray 1999, Naim 1999, Williamson 1999), endete freilich nicht mit der von der neuen Handelstheorie erwarteten Verbesserung für alle Seiten, sondern mit dem Ruin einer ganzen Reihe von Entwicklungsländern – von Mexiko über die ostasiatischen »Tigerstaaten« bis Argentinien. Dass Malaysia und China von der Asienkrise verschont blieben, hatten sie allein der festen Haltung ihrer Regierungen zu verdanken, die keinen Augenblick lang die Kontrolle über ihre Kapitalmärkte aufzugeben bereit waren. Zum Entsetzen der Wall-Street-Spekulanten hatten sie den Weltbankökonomen einfach die Tür gewiesen (Stiglitz 2002). Merkwürdigerweise zogen nur wenige Beobachter daraus den nahe liegenden Schluss, dass am Washington Consensus etwas falsch sein müsse, wenn er nicht den versprochenen Wohlstand, sondern die Verarmung und den Untergang der jungen Mittelschichten brachte. Stattdessen griff die Mehrzahl der Kommentatoren zu billigen Erklärungen: Aus den zuvor hoch gelobten Tigern und den vielversprechenden Schwellenländern wurden plötzlich wieder die unfähigen Regierungen der Länder der Dritten Welt, die an Traditionalismus und Vetternwirtschaft festhielten. Kaum jemand war bereit zuzugeben, dass das Projekt der Marktöffnung und des schrankenlosen Freihandels in Südostasien ganz offensichtlich versagt und die Grenzen des amerikanischen Globalisierungsprojekts deutlich gemacht hatte.

Unter der Regierung Reagan boten Arbeitskontrakte keinen Schutz mehr vor Entlassungen. Das hatte einen weiteren ungeplanten Effekt: Firmenpiraten nutzten die konstitutionelle Schwäche der Unternehmen aus, und eine Welle von feindlichen Übernahmen erschütterte die Unternehmenslandschaft. Die gesetzlich geschützten Arbeitskontrakte hatten bis dahin nicht nur die Beschäftigten, sondern auch die Unternehmen selbst vor solchen Angriffen geschützt, denn Übernahmen lohnen sich nur, wenn Entlassungen umstandslos und billig abgewickelt werden können und keine teuren und langwierigen Gerichtsprozesse nach sich ziehen. Die übernommenen Unternehmen wurden zu Opfern der Finanzspekulationen, und die Etablierung eines Markts für Unternehmen bereitete sich vor, der der neuen Finanzdienstleistungsklasse den Einstieg in traumhafte Karrieren bescherte.

## Gesellschaft – gibt es das überhaupt?

Am *shareholder value*-Konzept werden die entscheidenden Unterschiede deutlich, die den amerikanischen Konservatismus vom kontinentaleuropäischen trennen. Während der europäische Konservatismus in seiner elitären Form aus aristokratischen und in seinen vulgäreren Formen aus soldatischen Staatsidealen geboren wurde, aus dem Motiv der Ordnung und der Verteidigung der nationalen Autonomie in den permanenten Kriegen um die Vormacht, die in Kontinentaleuropa geführt wurden, ist der angelsächsische Konservatismus aus der individualistischen Marktutopie geboren. Der Staat und die Gesetze werden nicht als politisch-demokratische Gestaltungsmaßnahmen der Gesellschaft betrachtet, sondern als Behinderung der freien Entfaltung von Individuen bei der Verfolgung von Gewinnchancen. In der politischen Ökonomie der Konservativen geht es um die Vormacht über Märkte, bei denen der Staat nur hinderlich sein kann, soweit er nicht die Handelswege und das Privateigentum selbst schützt oder zur politischen Öffnung von Märkten beiträgt. Ausgangspunkt der angelsächsischen Konservatismustheorie ist daher stets das Individuum, das sich im dauernden Konkurrenzkampf um Marktchancen befindet. Während in der kontinentaleuropäischen konservativen Staatstheorie alle Individualität tendenziell abgeschwächt und verleugnet wird, werden in den konservativen nordamerikanischen Markttheorien systematisch alle Kooperativkräfte des Menschen ausgeblendet, die sein Überleben in der Natur überhaupt erst gewährleistet haben: Nur die Fähigkeit zur Kooperation hat die Menschen zu den mächtigsten Lebewesen der Erde gemacht. Diese Ausblendung der Kooperativität in der Theorie hat jedoch ihren systematischen Stellenwert, denn wer die Fähigkeit zur gegenseitigen Hilfe nicht als menschliche Eigenschaft anerkennt, der braucht auch die Gesellschaft nicht anzuerkennen – »there is no such thing as society« (Thatcher) –, die sich aus der gegenseitigen Abhängigkeit und Angewiesenheit der Menschen aufeinander entwickelt. Für die konservativen Markttheoretiker ist der von John Maynard Keynes im Anschluss an die Weltwirtschaftskrise entfaltete Gedanke der Makrosteuerung der Wirtschaft durch den Staat daher der sozialistische Sündenfall der Makroökonomie gewesen. Sie haben deshalb versucht, alle Makroökonomie aus den Universitäten zu verbannen, denn die Idee einer übergreifenden Verantwortungsinstanz, die umverteilt und Schwachen Hilfen zukommen lässt, war ihnen stets ein Gräuel.

Als die US-amerikanische Regierung wegen des Ölboykotts der arabischen Staaten im Jahre 1973 eine Geschwindigkeitsbeschränkung einführte, um Benzin zu sparen, beeilten sich die Ökonomen, die Kreativität einiger amerikanischer Autofahrer zu preisen, die das Gesetz umgingen und sich gegenseitig durch Funkverständigung über das Citizen-Band-Netz vor den Radarfallen der Polizei warnten: Die Zunahmen von 800 000 Citizen-Band-Radios auf 12,25 Millionen in den vier Jahren nach 1973 führten sie auf diese »Kreativität« zurück.

Sie waren überzeugt, dass sich der Markt damit gegen eine marktfeindliche Maßnahme durchgesetzt hatte, denn die Verlangsamung des Verkehrs habe einen hohen Verlust an Arbeitsstunden gebracht. Die zwei führenden amerikanischen Betriebswirtschaftslehrer, Michael C. Jensen von der Harvard Business School und William H. Meckling von der University of Rochester, die dieses Beispiel priesen (Jensen/Meckling 1994), übersahen dabei freilich geflissentlich, dass es zugleich auch sehr viel über die Kooperationsfähigkeit der menschlichen Gattung aussagt, wenn Millionen vereinzelter Autofahrer in der Lage sind, sich über Tausende von Meilen hinweg über den Widerstand gegen die Gesetze zu einigen.

Jensen und Meckling gehörten zu den Pionieren des *shareholder value*-Konzepts, das auf dem so genannten REM-Modell aufbaute, einer neuen Definition des menschlichen Verhaltens, das, wie in der angelsächsischen Ökonomie üblich, vom einzelnen Individuum ausging und alle Organisationen zu künstlichen Artefakten erklärte, die aus lauter Einzelverträgen bestünden. Deshalb traten sie schon früh für die Bezahlung von Managern mit Aktien und Optionen ihrer Firma ein. Nur mit Hilfe der Stimulierung des Eigeninteresses, glaubten sie, könne sichergestellt werden, dass die Manager tatsächlich dem Wohl der Aktionäre dienten. Jeder Gedanke an Binnenkooperativität, die doch für Firmen den wichtigsten Faktor und Grund ihres Bestehens ausmacht, wurde radikal ausgeschlossen und für marxistisch oder katholisch erklärt (Jensen/Meckling 1994:22). Diese Theorie wurde zur Leitidee der Neoliberalen und prägte das Weltbild einer ganzen Generation junger Betriebswirte. REMM ist das *»Resourceful, Evaluative, Maximizing Model«* des Menschen, der keine Bedürfnisse hat, sondern nur noch Entscheidungsprobleme: Er muss ständig zwischen alternativen *Ressourcen* wählen (evaluieren) und sucht durch jede Entscheidung seinen Besitz und seine Werte zu steigern (*maximise*). Er ist REM-Mensch nicht nur im ökonomischen Bereich, sondern 24 Stunden am Tag, denn auch im privaten Bereich sucht er ständig die Maximierung von Werten: »Der REM-Mensch ist nie zufrieden, er will immer mehr haben, sei es an materiellen Gütern wie Kunstwerken,

Skulpturen, Schlössern oder Pyramiden, oder an nichtmateriellen Gütern wie Einsamkeit, Gesellschaft, Ehre, Respekt, Liebe, Ruhm oder Unsterblichkeit«, schrieben sie in ihrem Essay über »The Nature of Man«. Dass das Maximierungspostulat den Kern des menschlichen Verhaltens bildet, davon waren die Betriebswirtschaftslehrer absolut überzeugt. REMM ist auch durch eine Reihe von Nebenbedingungen definiert, so das Schmerzvermeidungsprinzip (PAM, *Pain Avoidance Model*), das davon ausgeht, dass der REM-Mensch stets den leichteren Weg wählt, und das Kreativitätsprinzip, das die tiefe Erkenntnis bringt, dass der Mensch nicht nur mechanisch vorgezeichnete Wege verfolgt, sondern sich selbst kreativ an der Schaffung von noch mehr Maximierungschancen beteiligt. Dass sich das Schmerzvermeidungsprinzip streng genommen nicht mit dem Kreativitätsmodell verträgt, sei hier nur am Rande vermerkt. Es ist auch sehr fraglich, ob man Ehre, Liebe oder Unsterblichkeit maximieren kann, aber Tatsache ist, dass diese Theorie großen Anklang gefunden und zu dem großen Aufbruch einer ehrgeizigen Wohlstandsjugend beigetragen hat, die die Maximierung zu ihrem Lebensprinzip machte. »Greed is good«, Habgier ist gut, wie es der Händler Gordon Gecko in dem Hollywood-Film *Wall Street* verkündete.

## Das Gesetz der Gier

Diese Theorie der Habgier bedeutet einen entscheidenden Wandel in der ökonomischen Theorie, denn mit ihr verschwindet das Knappheitsgesetz aus der Wissenschaft der Ökonomie. Die Menschen wirtschaften nicht mehr, weil sie etwas zu essen brauchen, sondern sie wirtschaften nur noch, um reicher zu werden. Das permanente Streben nach mehr wird zum Kennzeichen des menschlichen Verhaltens erklärt. Es scheint wie eine Ironie der Geschichte, dass gerade zu dem Zeitpunkt, als nach 50 Jahren eines immer luxuriöseren Wohlstands im Westen das Maß der Ressourcenausbeutung der Erde deutlich ihre Regenerierfähigkeit zu überschreiten begonnen hat, das Knappheitsgesetz aus der Ökonomie verschwunden ist. Diese neue Theorie kennt daher weder Probleme mit natürlichen Ressourcen noch mit menschlichen Ressourcen, die jederzeit verfügbar sind – man brauchte nur noch die Ladenschlusszeiten zu deregulieren! Selbst Kapital war nicht knapp, denn es gab stets genügend Spekulanten und Investmentbanker, die bereit waren, die Ersparnisse ihrer Kunden in lukrative Geschäfte zu stecken.

Hatten Jensen und Meckling also nach 200 Jahren ökonomischer Forschung endlich die Natur des Menschen durchschaut? Hatten sie erkannt, wie Organisationen funktionieren, wie wirtschaftliches Geschehen aus dem Verhalten der Menschen erklärt werden kann? Ideen und Theorien machen keine Geschichte, und Meckling und Jensen haben nichts in Gang gesetzt, aber eine neue Kreativität legitimiert, die inzwischen vor allem als kreative Buchführung einer *greedy generation*, einer habgierigen Generation, bekannt geworden ist und einige Tausende von Managern und Wall-Street-Firmen mit Aktien und Optionen hat reich werden lassen, während Unternehmen für den *shareholder value* abspecken mussten, und die Kleinaktionäre, für die das Modell sich doch so stark zu machen versprach, um mehrere Milliarden erleichtert wurden. Unternehmer und Kleinaktionäre wurden das Opfer derjenigen Kräfte, die die ökonomischen Theoretiker aus ihren Überlegungen ausgeschlossen hatten – der Kooperationskräfte der menschlichen Gattung, der Marktspieler, die sich zu Informationsringen zusammenschlossen und aus dem Aktionärskapitalismus der Wall Street den Insiderkapitalismus gemacht haben.

## Die Macht der Intermediäre

Der Zusammenbruch der Börse im Frühjahr 2001 hat diesen Prozess zunächst einmal gestoppt und die Aktienmärkte in eine schwere Vertrauenskrise geführt. Die neue Macht der Intermediäre bestand in ihren kartellartigen Verbindungen untereinander, die aus einem gemeinsamen Interesse erwuchs, dem Interesse an der Aktienbewegung.

Denn nur an Aktien, die ständig ihren Besitzer wechseln, verdienen Börse und Finanzdienstleister. Investoren schlugen sie deshalb Strategien zur Mobilisierung und Diversifizierung ihres Portfolios mit dem Ziel kurzfristiger Höchstrenditen vor, von deren Verwaltung sie profitierten. Und den Produktionsunternehmen, denen sie in den achtziger Jahren die Diversifizierung als Unternehmensziel angepriesen hatten, rieten sie in den Neunzigern eindringlich zur Konzentration auf Kernkompetenzen. Nikolaus Schweickart berichtet, dass diversifizierte Konzerne deshalb von den Börsianern einen »conglomerate discount« erhielten, also einen Abschlag auf ihre Börsenbewertung (Schweickart, a. a. O.). Sie forderten von den Managern und Vorstandschefs immer neue Umstrukturierungen und Fusionen, denn nur ein Unternehmensmarkt in Bewegung bringt Gebühren und Honorare.

Die Aktivitäten sind nicht mehr zählbar, bei denen die Intermediäre ihre Begleitdienste anboten, für die Firmenzusammenschlüsse dagegen gibt es Schätzungen: In den Jahren zwischen 1996 und 2001 hat es weltweit etwa 40 000 Fusionen im Gesamtwert von fünf Billionen Dollar gegeben. Der wirtschaftliche Wert dieser Fusionen für die Berater, die Investmentbanker und die Anwaltskanzleien ist unumstritten. Ein Wert für die fusionierten Unternehmen hingegen ist heute nicht mehr erkennbar – 80 % der Unternehmen, die sich mit anderen zusammenschlossen, haben noch nicht einmal die Kapitalkosten der Transaktion erwirtschaftet und stecken heute tief in Schulden, 30 % wurden wieder entflochten oder verkauft. Doch auch am Scheitern verdienen die Investmentbanker, denn der Verkauf von Einzelteilen insolventer Firmen bringt ebenso Gebühren ein wie das Zusammenfügen. Und die neue Dienstleistungsklasse sucht ihre Geschäfte inzwischen auf andere Bereiche auszudehnen und forderte und fordert im Verein mit den Jungökonomen der Brüsseler Behörden dic Privatisierung von öffentlichen Betrieben und Rentenkassen, die das Volumen des Finanzmarkts durch die neuen Aktien der privatisierten öffentlichen Betriebe erhöhen und erweiterte Geschäftsmöglichkeiten bei der Verwaltung von Rentenfonds bringen würde.

Jensen hat inzwischen seine Theorie teilweise revidiert (Jensen 2001). Der Börsenkrach hat ihn überzeugt, dass die Options-und Aktienbezahlung der Manager doch nicht das Richtige war. Ob wir demnächst mit einem erweiterten neuen Menschenmodell rechnen dürfen, das sich als Quintessenz aus den letzten fünf Jahren betriebswirtschaftlicher Forschung über die Natur des Menschen ergeben wird?

# 2 Die geplatzten Illusionen der neuen Ökonomie

## Die Utopie der selbstbestimmten Arbeit

Die Höhenflüge der neuen Ökonomie stehen in einem engen Zusammenhang mit den neuen Kommunikationstechniken und der weitverbreiteten Euphorie über die Möglichkeiten des Internet. Die Konversion des Kommunikationsnetzes des amerikanischen Militärs zu zivilen Zwecken hatte großen Erfolg. Das neue Medium, das 1992 von der Clinton-Gore-Regierung für zivile Zwecke freigegeben und von Netscape erstmals 1995 vorgestellte Internet, wurde von einer ständig wachsenden Gemeinde von Fans in immer neuen Gebieten angewandt und ausgebaut. Das Internet wurde von den Pionieren dieser Technik als neues kommunikatives Paradigma verstanden, das den alten Industriekapitalismus überwinden sollte, der auf Produktion und Distribution von Energie beruhte, und einer neuen Gesellschaft zum Durchbruch verhelfen würde, deren soziale Gestaltung auf der globalen Verknüpfung von Netzwerken beruhe. Manuel Castells, einer der Propheten der neuen Ökonomie, sah in seiner groß angelegten Theorie des Informationszeitalters (Castells 1996–1998) eine neue Zeit heraufziehen, in der ein globales Netzwerk von Finanzmärkten, internationalen Handelsplätzen, wissenschaftlichen Einrichtungen und technischen Betrieben eine neue Form von Netzwerkunternehmen mit einer neuen Arbeitsorganisation prägen werde, die die Unternehmen in Projekte auflöse. Damit taucht auch der neue, flexible Arbeiter auf, der als »selbstprogrammierende Arbeitskraft« die Projekte, an denen er arbeitet, (mit)kreiert. Castells Theorie weist auf die Vision der Gründergeneration des Silicon Valley zurück, die im Internet die Möglichkeit der Verwirklichung einer revolutionären Utopie zu erkennen glaubte, mit der das Versprechen der Auflösung von Hierarchie und Autorität eingelöst werden könne: Netzwerke, so sagt Castells, machen es materiell unmöglich, hierarchisch Macht auszuüben. Für eine Generation, deren Protest sich gegen die Autorität richtete, stellte die neue Organisation von Arbeit in zeitlich begrenzten Projektverträgen zweifellos eine Befreiung dar. Mit dieser Form des Arbeitsvertrags verband sie die Verwirklichung einer zivilisatorischen Idee der Selbstbestimmung. Dieses Moment erklärt auch die nicht zu unterschätzende Mobilisierung erstaunlicher Kräfte, die diesen »neuen Geist des Kapitalismus« (L. Boltanski/E.Chiapello 2001) belebten: Die Metapher von den Netzwerken gab der Welt einen neuen Sinn, und die Projektegesellschaft bietet ihr neue Bewährungsproben. Der idealtypische Projektarbeiter ist mobil und bindungsfrei, er zieht die Autonomie der Sicherheit vor und gleicht darin dem klassischen amerikanischen Hobo, dem Wanderarbeiter aus der Zeit des Eisenbahnbaus, den Woodie Guthrie besang.

Doch revolutionäre Mythen halten sich länger als revolutionäre Bewegungen, und der Gründergeneration folgten die Geschäftemacher, die diesen Mythos aufgriffen und umformulierten: Das Konzept der Projektarbeit wurde nun auch von den Personalberatungsagenturen übernommen, die darin einen neuen Quell finanzieller Vorteile erkannten. Sie bauten es in ihre neuen Unternehmenskonzepte ein und ließen die flexiblen und mobilen selbstprogrammierenden Wissensarbeiter einen Teil der Arbeit der Unternehmer übernehmen. Die neue Qualität der Projektegesellschaft hat also mit einer neuen Arbeitsteilung zu tun, der Übertragung der klassischen Domäne des Unternehmers, der Erfindung, auf freie mobile Mitarbeiter. Der ursprüngliche englische Unternehmer war nichts anderes als ein Projektemacher, wie ihn Daniel Defoe beschrieben hat, ein Erfinder und Techniker zugleich, dessen Ethos Joseph Schumpeter noch in den fünfziger Jahren des 20. Jahrhunderts hochhielt und dem er das produktive Potenzial zur kreativen Zerstörung aller alten Verhältnisse zuschrieb. Es findet sich auch im Geist der Gründerunternehmer der Kommunikationstechnik wieder, die aus den Universitäten heraus ihre Vorstellungen von Gleichheit und Projektarbeit mitbrachten und deren schöpferisches Potenzial aufgrund ihrer hohen Kooperativität unendlich viel größer war als der Erfindergeist eines klassischen Einzelunternehmers.

Die Gründung von Unternehmen aus der Projektarbeit heraus aber brachte die Hierarchien zurück. Bill Gates war kein gleichrangiger Kommilitone mehr, und die Projekte, die er bezahlte, standen unter Erfolgsdruck, weil die Projektarbeiter wussten, dass sie gefeuert wurden, wenn sie langsamer arbeiteten als das Konkurrenzprojekt, das von Bill Gates gleichzeitig eingesetzt wurde. Diese Übertragung der kreativen Arbeit des Unternehmers auf freie Mitarbeiter in größerem Stil beruhte auf einer spezifischen gesellschaftlichen Voraussetzung: Sie gelang nur, weil die Baby-Boom-Generation auch eine Bildungsgeneration ist, wie keine jemals zuvor. Nie standen dem Arbeitsmarkt so viele gut ausgebildete Arbeitskräfte zur Verfügung, die sich gegenseitig Konkurrenz machten. Bill Gates zeigte, dass Kreativität käuflich war und dass es auf die Verkaufstechniken und die Kontrolle über die Organisation der Projektgruppen ankam. Unter Anleitung der Personalberater sind heute gerade viele der großen Unternehmen dabei, sich zur Holding von Einzelprojekten umzustrukurieren, die ihre Einheiten in Profitcenter auflöst und Zusatzarbeit als Projekte gestaltet, die so lange aufrechterhalten bleiben, wie sie sich lohnen. Zu den Voraussetzungen dieser Umstrukturierung gehört jedoch die Deregulierung des Arbeitsmarkts, die es erlaubt, die Risiken der Beschäftigungslosigkeit, die zuvor die Unternehmen mit getragen haben, dem Staat und dem Einzelnen aufzuerlegen. Dieser neue Schritt der Arbeitsteilung markiert ohne Zweifel eine neue Qualität der bürgerlichen Gesellschaft, die einen weiteren Anteil jener Arbeit, die bis dahin von der Kapitalseite geleistet wurde, an freie Mitarbeiter abgegeben hat.

## Die Agenten der Aktieneuphorie

Die technischen Entwicklungen führten zu einer Fülle neuer Geschäftsideen, und neue Firmen wurden mit großem Elan und der finanziellen Unterstützung der Regierungen aus dem Boden gestampft. In Deutschland finanzierten die Steuerzahler über die Kreditanstalt für Wiederaufbau und die Deutsche Ausgleichsbank Beteiligungen an Firmen aus dem Bereich der New Economy meist bis zu 50 %, während die andere Hälfte von steuersubventionierten in- und ausländischen Risikokapitalgesellschaften finanziert wurde – abgesichert wiederum durch eine bis 1999 kostenlose Ausfallversicherung, die ihnen zu bis zu 70 % Ausfallgarantien verhalf. Erst seit dem Jahr 2000 müssen sie eine Versicherungsprämie bezahlen. Die Risikokapitalisten waren somit im Fall der Insolvenz gegen einen Totalausfall abgesichert; dank staatlicher Ausfallgarantien konnten sie einen Teil ihrer Verluste sozialisieren. Die vielen Kleinanleger dagegen, die sich keineswegs als Risikokapitalisten begriffen, sondern glaubten, dass sie teilhaben dürften an den großen finanziellen Zukunftserwartungen, die man ihnen für ihren Einsatz versprach, verloren bei Insolvenzen alles, was sie eingesetzt hatten.

Viele der hoch gehandelten Unternehmen erwiesen sich am Ende als Luftschlösser oder kriminelle Scheinfirmen, und die Teilhabe der Kleinanleger blieb auf die Verluste beschränkt. Der »Neue Markt«, der am 10. März 1997 als neues Börsensegment der Deutschen Börse eröffnet wurde, hatte zeitweilig auch großen Erfolg. Bis Jahresende 1998 wurden 64 Unternehmen mit einem Kurswert von 26 Milliarden DM notiert. Der Kursanstieg betrug fast 175 % und vermittelte den Eindruck, dass hier eine neue gewaltige Kraft am Werk war. Einer der Ersten, die mit einem Unternehmen der Telekommunikationsbranche an die Börse gingen, war Gerhard Schmid, der mit seiner Firma Mobilcom und einer Reihe von Innovationen rasch zum Star avancierte. Zu den Ersten gehörten auch die Brüder Haffa, die mit EM.TV, einem Unternehmen zur Verwertung von Filmrechten, seit Ende 1997 den Neuen Markt belebten. Am 1. Juli 1999 waren 124

Unternehmen notiert, und die Deutsche Börse stellte eine Rangliste der 50 besten auf, die sie Nemax 50 nannte. An seinem dritten Geburtstag erreichte der Nemax einen Rekordwert von 9600 Punkten. Danach begann der Markt zu bröckeln, die Aktienwerte sanken, viele Unternehmen verfehlten ihre Gewinnprognosen. Als erstes Unternehmen des Neuen Markts meldet Gigabell am 15. September 2000 Konkurs an, am 2. November desselben Jahres die Teamwork AG. Am 23. Februar 2001 wird erstmals einem Unternehmen des Neuen Markts die Börsenzulassung entzogen, die Aktien der insolventen Gigabell werden vom Handel ausgeschlossen. Am 1. März 2001 müssen die Manager der Firmen des Neuen Markts ihre Aktienkäufe und -verkäufe der Börse drei Tage nach dem Handel mitteilen. Am 30. August fällt der Nemax unter 1000 Punkte. Am 1. Oktober werden Firmen, deren Aktienwerte unter einen Euro sinken, von der Börse ausgeschlossen. Als Erstes fällt die Firma KabelNew Media dieser Regelung zum Opfer. Im April 2002 wird eine Sonderprüfung gegen die Firma Comroad eingeleitet, bei der massiver Betrug aufgedeckt wird. Am 26. September 2002 gibt die Deutsche Börse AG bekannt, dass die Spielwiese Nemax Ende 2003 geschlossen wird.

Atemberaubend ist die Geschwindigkeit, mit der sich Aufstieg und Fall der Hoffnungsträger des Neuen Markts vollzogen haben. Stefan Schambach aus Jena, der die Firma Intershop gründete, war der Vorzeigeunternehmer Ostdeutschlands, der sich unter den Anlegern großer Beliebtheit erfreuen konnte. Als Schambach dann seine Gewinnprognosen zurücknehmen musste, stürzte die Aktie unversehens ins Bodenlose ab. Der bekannteste Berliner Internetunternehmer war Paulus Neef mit der Firma Pixelpark. Am 27. September 2002 kündigte er an, alle seine Aktien verkaufen zu wollen, und auch die Pixelpark-Aktie stürzte ab. Gerhard Schmid musste zur Rettung seines Unternehmens Mobilcom die Bundesregierung um Hilfe ersuchen, nachdem sich seine Partnerfirma France Telecom wegen eigener Schwierigkeiten zurückgezogen hatte.

Inzwischen hört man von den an der Börse einst hoch gehandelten Firmen eher aus dem Gerichtssaal. Gegen die Infomatec-Gründer Alexander Häfele und Gerhard Harlos wird wegen Verdachts auf Insiderhandel, Kursbetrug und falsche Darstellung der Unternehmenslage ermittelt. Der erste Strafprozess gegen Manager des Neuen Markts wurde im November 2002 in München gegen die Brüder Haffa eröffnet. Die beiden Manager wurden wegen versuchten Kursbetrugs angeklagt. Der Prozess erregte großes Aufsehen, denn viele Aktionäre hatten der Bekanntheit der Brüder vertraut und dementsprechend hohe Summen auf die EM.TV-Aktien gesetzt, die ein illustres Spektrum von Unternehmen und Lizenzbeteiligungen repräsentierten, zu denen zeitweilig die Sesamstraße, die Formel 1-Übertragungsrechte und die Muppetshow gehörten. Zu ihren Kunden zählten das Münchner Oktoberfest und Subventionsempfänger wie der Deutsche Sportbund oder die Expo. Trotz steigender Schulden hatten die Haffa-Brüder noch am 9. Oktober 2000 einen Gewinn von 525 Millionen Mark angekündigt und erst im Dezember eine Gewinnwarnung herausgegeben. Mit dieser Schönung der Lage des Unternehmens sollte der Börsenkurs stabilisiert werden. Tatsächlich konnte sich Florian Haffa, Finanzvorstand von EM.TV, einen Aktienkurseinbruch nicht erlauben, weil er für ein Darlehen ein Aktienpaket verpfändet hatte, das die Bank im Oktober einlösen wollte. Die Anleger haben ihr Geld verloren, nachdem die Kurse abgestürzt sind und der EM.TV-Konzern einen Verlust von 2,6 Milliarden DM auswies. Die Aktien, die zeitweise ein Hoch von 120 DM erreicht hatten, sind heute noch wenig mehr als einen Euro wert. Der Vorwurf der Staatsanwaltschaft lautet auf falsche Darstellung der Geschäftslage im ersten Halbjahresbericht und in mehreren öffentlichen Statements.

Doch den verärgerten Aktionären wie zum Hohn wird die Strafe für die Brüder milde sein, denn die Bundesregierung hat durch das Vierte Finanzmarktförderungsgesetz die Rechtslage geändert: Zwar hat man die Höchststrafe von drei auf fünf Jahre Gefängnis heraufgesetzt, aber der Täter ist jetzt nur noch strafbar, wenn ein Zusammenhang zwischen den falschen Angaben über die Geschäftsentwicklung und dem Aktienkursverlauf nachgewiesen werden kann. Aus einer Gefährdungshaftung wurde eine Erfolgshaftung gemacht:

Wenn der Staatsanwalt nicht beweisen kann, dass der Kurs durch den Geschäftsbericht und die öffentlichen Statements tatsächlich beeinflusst wurde, ist die falsche Berichterstattung nur noch ein Ordnungsdelikt. Auch nach dem Wertpapiergesetz, das die unverzügliche Benachrichtigung der Aktionäre über alle Tatsachen verlangt, die den Börsenkurs der Aktien beeinflussen können, besteht für die Aktionäre keine Aussicht auf Entschädigung, denn einen Schadensersatz sieht das Gesetz nicht vor. Außerdem können, um Missbrauch durch unangenehme Störenfriede auszuschließen, nur Aktionäre mit mindestens fünf Prozent Aktienanteilen einen Manager wegen vorsätzlichen Fehlverhaltens verklagen. So kam auch Kim Schmitz, zeitweiliger Chef der Online-Auktionsfirma Letsbuyit, glimpflich davon. Er wurde vor dem Amtsgericht München wegen Insiderhandels angeklagt, an dem er eine Million verdient hatte, und lediglich zu einer Geldstrafe von 100 000 DM verurteilt. Für die Verfolgung der Weiße-Kragen-Kriminalität an der Börse ist die deutsche Justiz schlecht gerüstet; es fehlt ihr an Erfahrung mit dieser Materie, denn der Aktionärskapitalismus, von einigen ersehnt, von anderen gefürchtet, ist noch zu neu in Deutschland.

Die meisten der Geschädigten in Deutschland waren von Banken und professionellen Bankberatern auf die Idee gebracht worden, ihr Geld in Aktien des Neuen Markts anzulegen. Das gesteigerte Interesse von Beratern und Banken an der Entfaltung eines einheimischen Aktienmarkts mit hoher Mobilität hat eine Welle der Anlageumwandlungen mit sich gebracht. Banken veranstalteten Aktionen zur Umwandlung von Sparbüchern in Aktienanlagen, mit dem verlockenden Hinweis auf mögliche Renditen von 15 oder gar 20 %, statt sicherer Zinsen im einstelligen Bereich. Entgegen der sonstigen Zurückhaltung der Branche haben sich die Banken in Deutschland mit einer ausgesprochen aggressiven Werbung auf den Neuen Markt und die IT-Branche geworfen. Neugründungen, Umwandlungen und Privatisierungen – alle Emissionen wurden begrüßt, und für alle neue Aktien wurden Anleger animiert. Vielen Anlegern boten die Banken sogar Kredite an, um Aktien kaufen und sich damit den alten

Traum verwirklichen zu können, ohne Arbeit reich zu werden. Die Aktienpropagandawelle hatte immer mehr Menschen insbesondere aus der oberen Mittelschicht erfasst, denn niemand wollte diese wundersame Bewegung verpassen, bei der man scheinbar nur gewinnen konnte: »Bereichert euch!«, lautete die Botschaft aus allen Medien, wer jetzt nicht zugreift, den bestraft das Leben. Auch die Regierung förderte diese neue Einstellung, denn man wollte nicht nur den üblichen institutionellen Aktionär gewinnen, sondern nach amerikanischem Vorbild sollte auch der Kleinanleger angesprochen werden. Heute fühlen sich die Aktionäre als Betrogene eines Spiels mit falschen Karten.

Was ist mit den deutschen Banken geschehen? Was hat sie aus ihrer Reserve gelockt und dazu verleitet, sich geradezu marktschreierisch Kunden und Anleger zu angeln?

Die Gewinne, die im Bereich Neugründungen, Akquisitionen und Fusionen in den USA erwirtschaftet wurden, wollten sich die deutschen Banken nicht entgehen lassen. Tatsächlich waren in den USA die Gewinne aus Ersttagsemissionen von Aktien (IPO, *Initial Public Offerings*) äußerst lukrativ. Die Anfangsgewinne erreichten in den USA freilich nicht die Masse der Anleger, sondern die Investmentbanken und Emissionshäuser selbst sowie die Manager und Direktoren der Telekomfirmen. Aktien neuer Firmen werden in der Regel unter dem eigentlichen Marktwert ausgegeben, um dem Publikum einen Anreiz zum Kauf zu geben. Wer eine Aktie also am ersten Tag kauft, kann in der Regel davon ausgehen, dass er beim Wiederverkauf schon nach ein paar Tagen Gewinn macht. Die europäischen Sparer, die an den Aktienmarkt herangeführt werden sollten, konnten sich bei der Ausgabe der Telekom-Aktie auf die Zuteilung einer hohen Rate von Ersttagsaktien verlassen und begannen für kurze Zeit Gefallen zu finden an den scheinbar risikolosen Gewinnen. In den USA jedoch hatten die Kleinaktionäre keine Chance, und die Aktien zu niedrigen Ausgabepreisen bekamen nur Direktoren von Firmen, die als Kunden oder potenzielle Kunden selbst Geschäftsbeziehungen zu den Investmentbanken hatten, die die Emission tätigten. Goldman Sachs zum Beispiel versorgte mit diesen Papieren Meg Whitman von der Firma eBay, Jerry Young von der Firma Yahoo!, Michael Eisner von der Firma Disney, Denis Kozlowski von der Firma Tyco International und einen der Direktoren von Goldman Sachs selbst. Routinemäßig brachten die jetzt beschuldigten Emissionsfirmen unterbewertete Aktien auf den Markt, die sogleich an die Direktoren weitergegeben wurden. Acht von diesen Ersttagsaktien, die Goldman Sachs emittierte, brachten diesen Privilegierten immerhin einen Gewinn von 173 % ein. Die Unterbewertung lag im Durchschnitt zwischen 5 und 30 % und bildete einen Honigtopf von 9,6 Milliarden Dollar an Ersttagsgewinnen allein in der Zeit von Januar 1999 bis Januar 2001, der an diese begünstigte Klientel verteilt wurde. Ein schwerer Schlag gegen die Demokratie, fand die Kommentatorin der *New York Times*, denn eine derartige Praxis verletzt die Regeln des fairen Spiels: Wenn sich die Millionen von Kleinaktionären nicht mehr darauf verlassen können, dass ihr Einsatz dieselben Chancen hat wie das Spekulationsgeld der großen Investoren, dann sei das Vertrauen in den Aktionärskapitalismus erschüttert, schrieb Gretchen Morgenson in ihrer Börsenkolumne (*New York Times*, 1. 9. 2002)

Obwohl es in Deutschland für institutionelle Anleger Fristen für den Wiederverkauf von Ersttagsaktien gibt, war für die Banken die Aussicht auf die Erträge aus den Börsengängen noch immer verlockend genug. PR-Agenturen wurden eingeschaltet, um Zeitungen, die keine eigenen Börsenjournalisten hatten, mit entsprechend optimistisch stimmenden Berichten über die großartigen Aussichten der neuen Unternehmen zu versorgen. Börsengänge, die in großem Stil durchgeführt wurden, beschäftigten Anwaltskanzleien und Werbeagenturen. Anlageberater wurden geschult und auf die neuen Aktien angesetzt, um sie einem größeren Publikum nahe zu bringen. Alle diese Intermediäre, die Deutsche Börse und die Banken, die Unternehmensberater und die Anwälte, die die PR-Agenturen und die Werbebüros engagierten, verdienten viel Geld bei ihrer Vermittlungsarbeit zwischen den unbedarften Anlegern und den kapitalsuchenden *start-up*-Unternehmen. Kaum jemand dachte sich etwas dabei, dass viele *start-up*-Unternehmer gar keine Ingenieure oder Informatiker waren, sondern jeder Dritte zuvor als Unternehmensberater gearbeitet hatte. Nach dem Zusammenbruch des Neuen Markts stellt sich heraus, dass eine ganze Reihe von Firmen nichts Marktgängiges, andere aber niemals überhaupt irgendetwas Nennenswertes produziert hatten, sondern stattdessen mit Scheingeschäften ihrem eigentlichen Interesse nachgegangen waren: der Kurspflege und dem Aktienhandel. Ein solcher Fall war die Firma Comroad, ein Unternehmen für Telematiknavigationssysteme, dessen Gewinne regelmäßig die eigenen Gewinnvorhersagen übertrafen. Bodo Schnabel, der im November 2002 wegen Bilanzfälschung zu sieben Jahren Haft verurteilt wurde, verkörperte den Prototyp des neuen Managers, den die neunziger Jahre hervorgebracht haben: Frei von jeder Sorge um die realen Verkaufszahlen, war sein Interesse ausschließlich auf die Steigerung des Aktienkurses ausgerichtet. Schnabel hat fast ganz auf Produktion verzichtet, indem er Umsätze mit einer Firma in Hongkong buchte, die nicht existierte, Produktionen in Indien vortäuschte, die nie stattgefunden haben – ein Geschäftsmodell, das den Deutschen offenbar einleuchtete, zeugte es doch von einer Globalisierungsstrategie, von der der deutsche Aktionär auch profitieren wollte. Doch es waren Bodo Schnabel und seine Frau Ingrid, die bereits durch den Börsengang sechs Millionen DM verdienten. Die ständigen Gewinnsteigerungen, die mit Hilfe der Medien und Börsenagenturen verbreitet wurden, ließen den Kurs in die Höhe schnellen. Schnabel verkaufte Aktien im Wert von rund 4,6 Millionen DM an der Börse, und es gelang ihm sogar, zwei Aktienpakete im Wert von 22,2 Millionen DM in die USA zu verkaufen. Als eine Journalistin entdeckte, dass die Umsätze fingiert waren und Comroad nur Scheinumsätze verbucht hatte, verteidigten die Wirtschaftsprüfer der KPMG ihren Klienten gegen alle Vorwürfe, und Analysten gaben weiterhin deutliche Kaufempfehlungen: Die jungen, motivierten Mitarbeiter dieser Buchprüfungsfirmen waren selbst so intensiv in dem Glauben an die Zukunft des Neuen Markts ausgebildet worden, dass sie die Ergebnisse der journalistischen Recherche gar nicht wahrhaben wollten. Zum

Schaden der Firma KPMG, die ihren Stolz darein legt, smarte junge Talente frisch von den Hochschulen zu rekrutieren, fehlte ihren jungen Mitarbeitern offenbar jede Antenne für die Gefahren, die ein kritisches eigenes Nachdenken erforderlich machten. Auch die Staatsanwaltschaft zögerte zunächst. Nachdem sie jedoch die Ermittlungen aufgenommen hatte, zog sich KPMG von dem Mandat zurück.

Die Vorgänge an den deutschen Börsen zeigen eine Besonderheit: Hinter Firmengründungen stehen nicht mehr unbedingt Firmengründer, sondern Aktienspekulanten. Diese Besonderheit ist nur erklärbar vor dem Hintergrund eines dynamischen Prozesses, der von einer Reihe von Akteuren der Wall Street ausging und dazu führte, dass Unternehmen nicht mehr als Teile eines volkswirtschaftlichen Produktionszusammenhangs begriffen wurden, sondern nur noch von der Finanzseite aus betrachtet wurden. Die ersten Hinweise auf diesen Prozess sind seit den achtziger Jahren erkennbar, als die Firmenpiraten, die *corporate raiders*, mit feindlichen Übernahmen viel Geld machten und den Boden bereiteten für die Entwicklung eines Marktes für Unternehmen, der in den neunziger Jahren von den Investmentbanken ausgebaut und arbeitsteilig zusammen mit weiteren Intermediären entfaltet wurde: Dass Aktiengesellschaften zu Handelsobjekten der Finanzmärkte wurden, ist eine neue Sicht auf die Unternehmen, an deren Vorbereitung die Firmenpiraten entscheidenden Anteil hatten.

# 3 Die Firmenpiraten

## Gordon Gekko

Eine Szene in dem Film *Wall Street* spielt in der Aktionärsversammlung einer altehrwürdigen amerikanischen Flugzeugfirma. Der Wall-Street-Händler Gordon Gekko ist gekommen, um den Aktionären ein Angebot zur Übernahme ihrer Aktien zu unterbreiten. Die Versammlung reagiert zunächst betroffen und abwehrend auf den forsch auftretenden Besucher, lässt sich jedoch aufgrund seines rednerischen Talents überzeugen. Gekko beschwört die Versammlung, das veraltete Flugzeugunternehmen müsse sich erneuern und er werde mit frischem Kapital die Modernisierung der Firma vorantreiben. Die Übernahme gelingt, aber Gekko ist kein Flugzeugbauer, sondern ein Händler, und er hat zu keinem Zeitpunkt vorgehabt, das Unternehmen zu modernisieren. Er musste nur sicherstellen, dass die Aktionäre, die an dem Unternehmen hingen, an eine Rettung des Unternehmens vor dem Niedergang glauben konnten. Als er das erreicht und die Kontrolle über die Firma erlangt hat, beginnt er zum Entsetzen seines jungen Mitarbeiters sofort damit, die Firma aufzulösen, die Belegschaft zu entlassen und das Grundstück, das sich als wertvoller Teil der Firma am raschesten zu Geld machen lässt, zu einem Preis zu verkaufen, der ihm nicht nur die Rückzahlung der für die Aktienübernahme aufgenommenen Schulden, sondern darüber hinaus noch einen hohen Gewinn beschert.

Der Film ist eine Verdichtung der realen Fälle von Firmenpiraterie der achtziger Jahre und stellt eine Hollywoodversion dieser Wandlungen in der amerikanischen Unternehmenskultur dar, die durch ihre spezifische Mischung aus naiver Gläubigkeit auf der einen Seite und dem überraschenden, rücksichtslosen Überfall auf der anderen Seite geradezu zur Verfilmung drängen. Tatsächlich bildeten die achtziger Jahre den Auftakt der Übernahme- und »Mergermania«, die sich bis ans Ende des Millenniums mit immer feineren Techniken fortsetzten. »Mergermania« war auch der Titel eines Bestsellers des Großspekulanten Ivan Boesky, den er schrieb, nachdem die Aufmerksamkeit erregenden feindlichen Übernahmen in konservativen gesellschaftlichen Kreisen Anerkennung zu finden begannen. Boesky wurde durch dieses Buch zu einer unter den Betriebswirten der amerikanischen Universitäten anerkannten Autorität, er wurde zu Vorlesungen eingeladen und hatte, obwohl sein Stil als staubtrocken geschildert wird, als Dozent stets volle Hörsäle.

## Die Räuber

Jim Ling war der Pionier des *leveraged buyout* (LBO), also jener Hebelstrategie bei der die Aufnahme von Krediten zur Übernahme einer Firma durch das Vermögen der aufzukaufenden Firma abgesichert wurde. Diese Taktik ermöglichte es Ling und seinen Nachahmern, Unternehmen zu kaufen, die wesentlich größer waren als ihre eigenen. Die aufgekaufte Firma musste damit rechnen, dass ihr Management völlig ausgetauscht oder einfach entlassen, die Firma liquidiert und in ihre einzelnen Vermögensbestandteile aufgespalten und verkauft wurde. Eine andere Technik der Firmenpiraten war das *greenmailing*, das von Carl Icahn entwickelt wurde. *Greenmail* ist abgeleitet von dem Wort *blackmail*, erpressen, und es funktionierte auch so: Die Piraten kauften die Aktien oder bedeutende Aktienanteile eines ausgewählten Unternehmens, kündigten eine feindliche Übernahme an und ließen sich die Aktien von der bedrohten Firma zu einem überteuerten Preis (*buyback at a premium*) wieder abkaufen. Wenn das Unternehmen sich weigerte, setzten sie ein vorher instruiertes interessiertes Unternehmen darauf an, das dann unter Übernahme der Aktien der Piraten in Wildwestmanier über das übernommene Unternehmen herfiel, es ausraubte und seinem eigenen Imperium einverleibte. Da der Rückkauf der Aktien der eigenen Firma für manche bedrohte Unternehmen nicht finanzierbar war, konnten sie sich gegen feindliche Übernahmen oft nur wehren, indem sie selbst eine Firma suchten, einen »weißen Ritter«, der sie zu freundlicheren Konditionen übernehmen würde.

T. Boone Pickens, Sohn eines erfolglosen Ölindustriellen, machte sich nach drei Jahren bei Phillips Petroleum mit geliehenem Geld als Händler selbständig. Als ihm mit seiner eigenen Gesellschaft mesa Petroleum ein paar Geschäfte gelungen waren, wurde er kühn und nahm sich vor, Gulf Oil zu übernehmen, den Konzern, den die Mellon-Familie Anfang des Jahrhunderts gegründet hatte und der inzwischen zu den schwächsten der sieben großen amerikanischen Ölfirmen gehörte, weil er seine Erdölanteile in Kuwait verloren hatte. Zwar gelang ihm dieser Coup am Ende doch nicht, weil sich Gulf Oil in die Arme von Chevron flüchtete, aber sein Eifer war geweckt, und als Nächstes versuchte er Phillips Petroleum aufzukaufen, die Firma, bei der er selbst früher gearbeitet hatte. Am Ende bestand sein Geschäftserfolg in einem stattlichen Gewinn von 107 Millionen Dollar, die er den Konzernen durch den Rückkauf von Aktien abgenommen hatte, nachdem er sie sich zuvor bei Banken geliehen hatte. Das Verleihen von Wertpapieren gehörte schon auf den mittelalterlichen Messen und Börsen zu den Usancen der Kaufleute und Händler. Der Entleiher haftete mit seinem Ruf und musste mit dem Ausschluss von allen Messen und Börsen rechnen, falls er die geliehenen Papiere oder einen Ersatz nicht entsprechend der Vereinbarung zurückgab. Dieser Brauch entstand aus der Kaufmannssolidarität und sollte Kollegen aus Finanznöten helfen. Heute dient er insbesondere der Spekulation. Während dem Verleiher nichts entgeht, weil er selbst die Aktien nicht zu mobilisieren gedenkt, unternimmt der Leiher damit bestimmte Börsenmanöver, bei denen es darauf ankommt, sich unerkannt in den Besitz von möglichst großen Positionen zu bringen, um dem Gegner oder dem Opfer keine Zeit zu Gegenmaßnahmen zu lassen. An den Börsen werden also mit geliehenen Aktien beziehungsweise anderen Wertpapieren oder Devisen vor allem Überraschungsangriffe durchgeführt, die von den Händlern schon deshalb akzeptiert werden, weil sie Bewegung in den Markt bringen. Der Markt geriet stark in Bewegung, aber Pickens blieb am Ende von seinen Spekulationsgewinnen nicht viel. Ein Jahr nach seinen spektakulären Angriffen musste Pickens eingestehen, mit 55 Millionen Dollar mehr Schulden zu haben als je in seinem Leben.

Carl Icahn, der einer armen jüdischen Familie aus Queens entstammte, begann nach dem Militärdienst mit Optionen zu handeln und leitete 1964 eine eigene Optionsabteilung beim Brokerhaus Gruntal, bevor er seine eigene Handelsfirma aufmachte. Als er 1979 nach einem gewonnenen Prozess um seine Rechte als Großaktionär einen Sitz im Vorstand des Ofenherstellers Tappan ergatterte, nutzte er diese Position dazu, den Vorstand zum Verkauf der Firma an eine schwedische Gesellschaft zu zwingen. Icahn gewann bei diesem Manöver drei Millionen Dollar. Er war höchst erfolgreich bei Firmenübernahmen nach der Technik des *greenmailing* und betrieb eine Zeitlang dieselben Geschäfte wie Pickens: Aktienkauf auf Pump und Dreiecksgeschäfte mit Erpressung von Konzernen, die von ihm vor die Wahl gestellt wurden, sich eine feindliche Übernahme mit Ausplünderung gefallen zu lassen oder gegen hohe Preise ihre eigenen Aktien zurückzukaufen. Icahn übernahm schließlich selbst eine Gesellschaft, die Fluglinie TWA, die er nach einer Übereinkunft mit den Gewerkschaften reorganisierte.

Als sein Versuch, Texaco zu übernehmen, fehlschlug, formulierte er seine Verachtung für die Konzerne, wie sie damals geführt wurden: »Texaco repräsentiert alles, was im amerikanischen Wirtschaftsleben falsch ist. Wir haben in diesem Land einen Firmenwohlfahrtsstaat, das ist der Grund unserer mangelnden Wettbewerbsfähigkeit!« (Sampson 1990:68) Damit wurde die arbeiterfreundliche Haltung der Konzerne angegriffen, die hohe Löhne bezahlten und den Arbeitern zu jenem gesellschaftlichen Aufstieg verhalfen, den die Soziologen als Verbürgerlichung der Arbeiterklasse bezeichnen.

Die Rhetorik ist charakteristisch für die ganze Bewegung: Alle Raider kultivierten den Hass auf die bestehenden Firmenbürokratien oder die Korpokratie, wie sie die guten Beziehungen zwischen den

Firmenleitungen und den Arbeitervertretungen nannten. Und wenn konservative Politiker und Intellektuelle diese Rhetorik begeistert aufgriffen und in den Raiders das Bild des heroischen amerikanischen Unternehmers beschworen, dann zunächst aus Angst vor den japanischen Importen, die durch Reagans Importpolitik ermöglicht wurden: Sie beschrieben die Übernahmeschlachten als eine notwendige Reform der Firmenkultur, mit der die amerikanische Nation den Kampf gegen die asiatischen Billigimporte aufnehmen konnte. Die Spekulanten wurden zu heroischen Abenteurern hochstilisiert, die wie ein David gegen die Bataillone der selbstzufriedenen Bürokraten der Konzerne antraten.

Die Firmenpiraten nahmen die Chancen wahr, die ihnen das Reagan-Zeitalter bescherte. Sie gehörten zu den ersten Profiteuren der Deregulierungen und symbolisierten das neue Zeitalter des Finanzkapitalismus mit seinen Finanzierungsinstrumenten, die das Schuldenmachen so sehr erleichterten und steuerlich begünstigten, dass das Geldverdienen mit Produktion und Arbeit sich im Vergleich dazu nicht mehr lohnte. Wenn der Finanzkapitalismus das Ende eines Zeitalters bedeutet, wie der Wirtschaftshistoriker Giovanni Arrighi behauptet hat (Arrighi 1999), so waren die achtziger Jahre der Anfang vom Ende des amerikanischen Zeitalters.

Entgegen den ökonomischen Begründungen, mit denen die Konservativen die Übernahmewelle zu erklären versucht haben, wurde der Wettbewerb durch die Übernahmen nicht gefördert, sondern eingeschränkt. Die Ursachen für den Fusionseifer liegen in der spezifischen sozialen Kultur der Wall Street, die in ihrer Eigendynamik sehr viel mehr darstellt als nur eine neutrale Geldvermittlungsinstitution. Während der siebziger Jahre hatten die Anleger die Unternehmenserträge und die Rentabilität als Wertmaßstab betrachtet. Durch die Inflation, die nach dem Vietnamkrieg einsetzte und durch die Politik der Ölstaaten verschärft wurde, war die Wirtschaft in Mitleidenschaft gezogen worden, was zusammen mit den hohen Steuersätzen und in die Höhe schießenden Zinsen dazu führte, dass die Gewinne mager ausfielen und die Aktienkurse auf einem niedrigen Stand verharrten. Hinzu kam die äußerst generöse steuerliche Behandlung von Zinszahlungen für Kredite. Auf Aktien ausgezahlte Dividenden waren nicht steuerabzugsfähig, Zinszahlungen für Kredite jedoch schon. Aktiva mit geliehenem Kapital zu erwerben bedeutete also, einen erheblichen Teil der Kosten auf die Regierung bzw. die übrigen Steuerzahler abzuwälzen. Als dann Ronald Reagan zum Präsidenten gewählt wurde, lautete die Botschaft für die Finanzmärkte: »Alles ist möglich!« Eine der erste Amtshandlungen des Justizministeriums unter der neuen Regierung war es, die seit zehn Jahren laufenden Anti-Trust-Ermittlungen gegen IBM fallen zu lassen. Größe schien in der neuen Ära des entfesselten Kapitalismus kein Problem mehr zu sein. Plötzlich konnte der Trend zu Expansion und Firmenzusammenschlüssen auch in solchen Industriezweigen verfolgt werden, die bereits oligopolistisch organisiert waren, wie etwa die Ölindustrie, wo sieben große Konzerne, die »seven sisters«, den Markt beherrschten. Auf diesen Märkten hatte man in den Jahren unter Präsident Jimmy Carter Zusammenschlüsse nicht einmal erwogen.

Die Übernahmeeuphorie kam durch eine Reihe von aufsehenerregenden Fusionen in Gang. Eine davon war die Übernahme der neuntgrößten amerikanischen Ölgesellschaft Conoco durch den Chemieriesen Du Pont 1981, bei der die fantastische Kaufsumme von 7,8 Milliarden Dollar bezahlt wurde. Es war das bis dahin größte Geschäft in der Wirtschaftsgeschichte überhaupt. Vier Interessenten hatten sich um Conoco gestritten: zwei Ölgesellschaften, Dome Petroleum und Mobil, der Getränkeriese Seagram Co und Du Pont. Und sie alle brauchten Armeen von Investmentbankern und Anwälten. Praktisch alle großen Investmentbanken und Anwaltskanzleien der Wall Street waren an der Transaktion beteiligt. Und die Arbitrage blühte auf, der Kauf von Aktien des zu übernehmenden Konzerns, denn es war unmöglich, bei einer solchen Gelegenheit zu verlieren: Der Preis, den der Käufer zahlen würde, lag in jedem Fall über dem Marktpreis, zu dem man vorher die Aktien kaufen konnte. Boesky hatte sich auf Arbitragegeschäfte spezialisiert und kaufte für alle seine Aktiva und alles, was er an Krediten für seine Boesky Corporation bekommen konnte, Conoco-Aktien. Hätte der Deal am Ende nicht stattgefunden, wäre Boesky ruiniert gewesen und nie wieder aus den Schulden herausgekommen. Doch der Einsatz zahlte sich für ihn aus. Als Dome das Gefecht im Mai mit einem feindlichen Angebot von 65 Dollar pro Aktie eröffnete, wurde die Conoco-Aktie noch mit 50 Dollar gehandelt. Danach stieg sie an, bis Du Pont im August mit einem Angebot von 95 Dollar pro Aktie den Sieg davon trug. Als Boesky seinen angekauften Aktienbestand an Du Pont zu 95 Dollar pro Aktie verkaufte, hatte er 40 Millionen Dollar verdient.

Vorbilder für die Spekulation mit Firmen wurden einige Finanzjongleure, die den Trend zur Kurssteigerung in großem Umfang ausnutzten. So kaufte der ehemalige Finanzminister unter Nixon und Ford, William Simon, 1982 die Firma Gibson Greetings, um sie 16 Monate später mit einem Gewinn von 70 Millionen Dollar wieder zu verkaufen. Die Investoren, die ihm das Geld für seine Spekulation liehen, hatten bei diesem Geschäft immerhin das Hundertfache ihrer Einlage verdient! In der Wall Street blieben solche Gewinnspannen nicht unbemerkt, und bald bildeten sich auch die entsprechenden Schlagworte heraus. Man sprach über den »Cashflow«, den man brauchte, um Kreditzinsen zurückzahlen zu können, über den »Substanzwert«, also den Wert der einzelnen Bestandteile einer Firma, der im Fall des Aufbrechens und stückweisen Verkaufs der Unternehmensteile zur Unternehmensbewertung herangezogen wurde. Der Raider war der Unternehmensaufkäufer, der begriffen hatte, dass man ein Unternehmen kaufen, die Kostenfaktoren drastisch zusammenstreichen oder rücksichtslos Teile davon herausbrechen und die Aktivposten schließlich mit riesigem Gewinn wieder verkaufen konnte. Das zweitbeste Geschäft war es, der Investmentbanker, Anwalt oder Arbitrageur zu sein, der zur Stelle war, wenn das Geld seinen Besitzer wechselte.

Icahn war ein Vorbild für Michael Milken, der für Icahns Versuch, Texaco zu übernehmen, in 48 Stunden 1,5 Milliarden Dollar auftrieb. Investmentbanken hatten bei diesen Manövern zum einen die Aufgabe, die Übernehmer mit dem nötigen Kapital auszustatten bzw.

ihnen entsprechend willige Investoren zuzuführen, die kurzfristig das entsprechende Kapital zum Aufkauf der Aktien einsetzten. Aber sie konnten ebenso angeheuert werden, um eine drohende Übernahme abzuwehren. Die Investmentbank Drexel Burnham jedenfalls, bei der Milken arbeitete, wurde für die Piraten zur zentralen Finanzvermittlungsquelle für ihre Manöver, denn für eine feindliche Übernahme benötigten sie als Rückhalt jeweils Milliarden von Dollar. Milken trieb dies Geld unter seinen Kunden auf, unter denen immer häufiger auch der Arbitrageur Ivan Boesky eine zentrale Rolle spielte.

Ronald Perelman war einer der Anhänger Milkens. Als er sich 1985 vornahm, den Revlon-Konzern zu übernehmen, der sich mit Kosmetik und Gesundheitsprodukten einen Namen gemacht hatte, nahm ihn zunächst niemand ernst. Milken verlieh seinem Angebot den finanziellen Rückhalt, und als Perelman hartnäckig für die Aktien ein jeweils um 0,25 Dollar höheres Angebot abgab, die anfangs zwischen 25 und 30 Dollar lagen, gelang es ihm beim Preis von 58 Dollar, die Aktionäre zu überzeugen. Nach geglückter Übernahme verkaufte Perelman sofort für 1,4 Milliarden Dollar einige der Revlon-Firmen aus der Gesundheitssparte und für 1,2 Milliarden Dollar die Gesundheitslabors der Firma und die Abteilung Vision Care. Dann jedoch übernahm er, anders als die übrigen Milken-Schüler, die Firmenleitung und baute den Kosmetikbereich sogar noch aus. Aber in der Firma blieb er ein Außenseiter.

Boesky wurde gelegentlich auch von der Politik benutzt. Als ihn Vertreter von Fairness in Media um seine Unterstützung für eine feindliche Übernahme des Senders CBS baten, begann Boesky unverzüglich eine Aktienposition aufzubauen. Fairness in Media war eine Medienkontrollgruppe, die von dem konservativen Senator Jesse Helms geführt wurde. Boesky hatte sich ausgerechnet, dass die Federal Communications Commission, die Aufsichtsbehöde für den Rundfunk, einer feindlichen Übernahme wahrscheinlich nichts in den Weg legen würde. Trotz des CBS-Aktienkapitals von mehreren Milliarden, so rechnete er sich aus, könnte eine Position von 15 % bereits ausreichen, um CBS »ins Spiel zu bringen«, wie es im Jargon der

Firmenpiraten hieß, wenn sie eine Firma zum Objekt einer Übernahme ausersehen hatten. Andere Interessenten würden als weitere Bieter in den Ring treten, und CBS müsste mit Verhandlungen beginnen. Als er die Erklärung ausfüllte, die jeder bei der Börsenaufsicht SEC ausfüllen muss, der über fünf Prozent der Aktien eines Unternehmens besitzt, und damit öffentlich machte, dass er eine größere Aktienposition von CBS erworben hatte, hoffte er, CBS würde sich mit ihm zusammensetzen und Verhandlungen anbieten. Aber er hatte sich getäuscht. Thomas Wyman, der Präsident von CBS, zeigte keinerlei Interesse an einem persönlichen Treffen mit seinem neuen Großaktionär. Stattdessen begannen seine Anwälte eine Klage gegen Boesky ausarbeiten, in der sie ihn beschuldigen, die Nettokapitalvorschriften verletzt zu haben, also zu wenig Eigenkapital eingesetzt zu haben, um seine Position aufzubauen. Wie konnten die Anwälte diese Einzelheiten wissen? Boesky vermutete einen Verräter am Werk und gab sich geschlagen: Er konnte nicht zulassen, dass seine Geschäfte von den CBS-Anwälten an die Öffentlichkeit getragen wurden. Das Risiko, dass sein Arrangement mit Milken entdeckt wurde, war ihm zu groß. Er unterschrieb ein Stillhalteabkommen und verabschiedete sich von den CBS-Aktien. Jesse Helms musste seine Ambitionen, Kontrolle über den Sender zu erlangen, zurückstecken.

## Milken: Die Spinne im Netz

Michael Milken wurde zum einflussreichsten Investmentbanker, weil er einen Markt für *junk bonds* aufbaute, auf dem er lange ein Monopol aufrecherhalten konnte. *Junk bonds*, Anleihemüll, waren Anleihen von Firmen, die von den Ratingagenturen aus verschiedenen Gründen gar nicht oder niedrig eingestuft wurden, etwa weil sie bis dahin noch nicht auf dem Markt aufgetreten waren, zu klein waren, oder auch weil sie zu wenig Eigenkapital hatten. Diese Papiere wurden anfangs von der Wall Street praktisch nicht wahrgenommen und daher auch nicht analysiert. Milken musste sich die Informationen zu den Firmen selbst beschaffen und verfügte bald über einen kaum einholbaren Informationsvorsprung. Michael Milkens Abteilung spezialisierte sich auf diese Firmenanleihen, die wegen ihrer niedrigen Einstufung hohe Zinsen brachten. Sie fielen nicht unter die Börsenaufsicht, weil sie an der Wall Street praktisch nicht gehandelt wurden, und stellten deshalb einen unregulierten Markt dar. Zusammen mit einer Fülle von Detailkenntnissen bot Milken diese Papiere seinen Adepten, den Firmenpiraten, an, die ihn wie einen Messias verehrten. Mit diesen Anleihepapieren in der Hand erhielten sie Hunderte Millionen Kredit bei Sparkassen, Investmentfonds und Versicherungsunternehmen, die sich das Milkensche Evangelium zu eigen gemacht hatten und in Risikopapiere zu investieren wagten.

Mit dem geliehenen Kapital konnten die Firmenpiraten Aktien aufkaufen, um die Firmen zu übernehmen und auszuplündern, ein Vorgang, der oft nur ein paar Wochen dauerte, sich aber gelegentlich auch über mehrere Jahre hinzog. Milken war es, der die Raider finanziell absichern konnte. Milken hatte stets eine Reihe von Investoren an der Hand, die bereit waren, ihm Geld für seine Geschäfte zu leihen. Tatsächlich hätte sich ohne Milken, den »Zauberer der Wall Street«, die »Mergermania« niemals so rasch und in einem solchen Umfang ausbreiten können. Milkens Abteilung gehörte zur New Yorker Investmentbank Drexel Firestone, die mit Burnham fusionierte. Er hatte seine eigene Filiale in Beverley Hills aufgebaut und arbeitete relativ zurückgezogen und unauffällig, stand vor Morgengrauen auf und führte bis zu 500 Telefongespräche am Tag. Über die Anhänger seiner Lehre, darunter Henry Kravis, Samuel Heyman, Ronald Perelman und Rupert Murdoch, herrschte er mit Zuckerbrot und Peitsche: Uncharmant und einschüchternd, aber ein hinreißender Redner, wenn es um Geld ging, lieferte er einer neuen Generation von Unternehmern die Informationen, um Aktiengesellschaften auszuplündern und mit großer Beute abzuziehen. Milken herrschte auch über seine Angestellten wie ein Despot, ließ ihnen keine Freizeit; das Mittagessen wurde ins Büro geholt, und wer morgens um sieben Uhr an seinen Arbeitsplatz kam, fand einen Zettel von ihm mit den Tagesaufgaben vor. Er kontrollierte seine Händler durch intensives Nachfragen, und seine Kritik konnte von entnervender Hartnäckigkeit sein. Seine Leute standen ständig unter Druck, und das forderte seinen Preis. Weil Milken seine Leute vom Führen eines Privatlebens abhielt, hitzte sich die Arbeitsatmosphäre im Büro entsprechend auf. In einem Tagebuch hat eine der Sekretärinnen die sexuellen Begegnungen mit den männlichen Kollegen aufgezeichnet und über Drogenkonsum, Alkoholismus und Nikotinsucht berichtet, den verbreiteten Formen, in denen sich der Druck ein Ventil suchte. Milken kompensierte den Freizeitentzug mit Geld und setzte seinen Ehrgeiz darein, seinen Leuten jedes Jahr ein höheres Gehalt zu gewähren. Sie verdienten tatsächlich fünfmal so viel wie ihre Kollegen in der Wall Street; Milken selbst verdiente 1982 45 Millionen Dollar.

Milkens Geschäfte unterliefen zum Teil die Börsenaufsicht, weil die Anleihen der Firmen, die in Bedrängnis geraten waren, nicht an der Börse registriert waren und daher auch keine Preislisten veröffentlicht werden mussten. Niemand konnte also genau sagen, welche Gewinne Milken aus seinen Transaktionen zog, außer Milkens eigenen Händlern. Milken fürchtete sich vor Öffentlichkeit, und er hielt seine Truppe zusammen wie eine militärische Einheit. Niemals entließ er Leute, weil er Angst hatte, sie könnten etwas aus seinem Geschäft verraten. Trepp, der Chefhändler von Milken, machte ihn gelegentlich darauf aufmerksam, dass die Richtlinien für Wertpapiere nur fünf Prozent Aufschlag erlaubten, während Milken 25% nahm. Wenn Trepp, der die Verträge abzeichnen musste, den Handel bei allzu unverschämten Aufschlägen nicht unterzeichnen wollte, kam es oft vor, dass man den Handel trotzdem einging und seine Unterschrift einfach fälschte.

## Die Doppelstrategie

Boesky wurde von Milken zu seinem Hauptfinanzier aufgebaut. Boesky war bei seinen Arbitragegeschäften auf Milkens Informationen ebenso angewiesen wie die übrigen Anhänger. Durch Milkens Informationen über geplante Übernahmen gelang Boesky der Aufbau eines Vermögens, das er für die Etablierung der Boesky Corporation brauchte. Milken behielt Boesky jedoch nicht nur durch Informationen, sondern auch durch Schulden in der Hand und konnte Boesky deshalb mit dem Hinweis auf die Einklagung dieser Schulden für seine Manöver benutzen. Der Doppelbedrohung durch Milkensche Gerissenheit und Boeskysche Finanzmacht war kaum standzuhalten. Den Gipfel ihrer Wirkung erreichte diese Kombination bei der Übernahme der Pacific Lumber Company durch die Maxxam Group Inc. Maxxam gehörte einem berüchtigten Firmenpiraten aus Houston, Charles Hurwitz, der seinen Aufstieg Michael Milken verdankte. Pacific Lumber, Eigentümerin der größten Redwoodwälder in den USA, kämpfte verzweifelt gegen die Übernahme, hatte aber gegen Milken letztlich wenig Chancen. Maxxam gab Ende September 1985 ein Angebot zur Übernahme für Pacific Lumbers ab. Den Auftrag zur Abwicklung der Finanzierung des Geschäfts erhielt Milken von der Firma Drexel. Milken ließ durch Boesky massiv Pacific Lumbers-Aktien aufkaufen, zum einen, um dadurch Druck auf den Aktienpreis auszuüben und die Firma Maxxam, also den eigenen Kunden, zu einem höheren Angebot zu bringen, zum anderen aber auch, um Pacific Lumbers unter dem Druck des Neuaktionärs Boesky zur Annahme des Angebots zu zwingen. Boesky war ein bekannter Arbitrageur, also jemand der aus der Spekulation mit Aktien lebt. Dass Boesky auf Hinweis, oder besser, im Auftrag von Milken handelte, war zu diesem Zeitpunkt nur wenigen Eingeweihten bekannt. Erwartungsgemäß führten Boeskys Aufkäufe zu einer Erhöhung des Aktienkurses. Als Pacific Lumber am 22. Oktober nach vierwöchigem Abwehrkampf schließlich aufgab, hielt Boesky einen Anteil von mehr als fünf Prozent. Maxxam musste sein Angebot zweimal erhöhen, es lag am Ende bei 40 Dollar pro Aktie. Boesky kassierte eine Million Dollar aus diesem Geschäft, Drexel erhielt von Maxxam eine Provision von 20,5 Millionen Dollar, und Milken bekam zusätzlich 250 000 Optionsscheine für Pacific-Lumber-Aktien, die einen noch weit höheren Wert darstellten als die Provision.

Jeder Anteil an einer Aktiengesellschaft über fünf Prozent muss, wie erwähnt, der New Yorker Börsenaufsicht gemeldet werden. Boesky hatte mit dem Erreichen der Fünfprozentmarge das erforderliche 13-D-Meldeformular abgegeben. Allein die Veröffentlichung der Tatsache, dass Boesky der Aufkäufer war, hatte am Ende entscheidend zur Kapitulation von Pacific Lumbers beigetragen. Maxxam war nicht nur von der Firma, die es mit der Wahrnehmung seiner Interessen beauftragt hatte, hinters Licht geführt worden, sondern musste durch Milkens Manöver auch weit mehr für die Übernahme bezahlen, als in seinem Finanzrahmen ursprünglich dafür eingeplant war. Der Schuldendienst für die Übernahme ging zu Lasten des übernommenen Unternehmens, und die neue Pacific-Lumber-Führung erregte bald darauf den Zorn der Naturschützer, als sie zur Abtragung der Schulden die Redwoodwälder abzuholzen begann.

## Der Ball der Raubvögel

»*Junk bonds*-Finanzierung und Drexel Burnham Lambert – sie helfen Amerika zu funktionieren!«. Das war der Slogan auf einem der letzten Bälle, den Drexel Burnham den Firmenpiraten einmal im Jahre auszurichten pflegte. Entstanden aus einer von Drexel organisierten Konferenz über *junk bonds*, hatte sich seit dem Umzug von Milken nach Beverly Hills 1979 daraus eine Feier für Milken entwickelt, die bald den Namen »Ball der Raubvögel« (»Predator's Ball«) erhielt. Mitarbeiter, ausgewählte Kunden und Kollegen aus der Arbitrage und Übernahmeszene wie Icahn, Boone Pickens, Johnny Malone, der später der Deutschen Telekom ein Übernahmeangebot für das deutsche Kabelnetz machen sollte, oder Rupert Murdoch, der Pressezar, aber auch Politiker aus Reagans Stab wie der ökonomische Berater Donald Regan wurden zu Festessen, Musik, Sportveranstaltungen, Revuen und Vorträgen eingeladen, die in verschiedenen Gebäuden auf dem Gelände eines Hotels stattfanden, das Boesky gehörte. Nach kurzer Zeit jedoch entfielen die Vorträge fast ganz zugunsten von Höhepunkten wie kleinen Bühneneinlagen, bei denen etwa Frank Sinatra für 150 000 Dollar mit einem Werbesketch für Drexel auftrat. Milken pflegte in einem der Gebäude vor einem noch einmal gesondert ausgewählten Publikum eine kleine Rede zu halten. Auf Wunsch von Milken und Donald Engel, der den Ball ausrichtete, gingen während des ganzen Balls leichte Damen ihrem Gewerbe nach. Erst auf den letzten Bällen, als Drexel bereits durch die Klage gegen Milken unter erheblichen Druck gekommen war, wurden sie nicht mehr zugelassen. Als Milken 1988 angeklagt wurde, feierten seine Mitarbeiter den letzten Räuberball ohne ihn.

## Die Verhaftungen

Die erste Verhaftung wegen Insiderhandels traf im Mai 1986 den Händler Dennis Levine von der Investmentbank Drexel & Burnham. Im selben Jahr brachten schwere Anklagen der Börsenaufsicht Ivan Boesky dazu, mit der Staatsanwaltschaft zu kooperieren. Boesky wurde als V-Mann eingesetzt, und seine sowie die Aussagen von anderen kriminellen Beteiligten, die Boesky mit einem versteckten Tonband aufnahm, trugen entscheidend zur Verhaftung weiterer Leute des Rings um Milken bei. Im September 1988 bekamen eine Reihe von Drexel-Angestellten und einige aus dem Milken-Kreis Vorladungen der Börsenaufsicht SEC wegen Insiderhandels, Kursmanipulation, Betrugs und Vergehens gegen die Wertpapiergesetze. Und im März 1989 wurden Milken und zwei seiner Kollegen wegen betrügerischer Spekulation angeklagt – mit der sensationellen Forderung von 1,32 Milliarden Dollar Schadensersatz. Milken, nun von einer Phalanx von Rechtsanwälten begleitet, war nicht kooperationsbereit. Er wurde im März 1989 in 98 Punkten des organisierten Verbrechens und des Wertpapierbetrugs angeklagt und zu zehn Jahren Haft sowie zu einer Buße von 600 Millionen Dollar verurteilt. Der Staatsanwalt des Southern District von New York, Rudolph Giuliani, der damals das Amt des New Yorker Bürgermeisters anstrebte, unterstützte die Börsenaufsicht, konnte er doch aufgrund der gewandelten Stimmung mit einem »harten Durchgreifen« an der Wall Street Punkte sammeln. So war er, nachdem er »mit der Mafia aufgeräumt hatte, zum Schrecken der Wall-Street-Insider geworden« (Sampson 1990:84). Giuliani hatte wenig Verständnis für die Raider, denn »die Handlungen dieser Leute sind nicht einfach mit Geldgier zu erklären. Sie haben mehr, als sie in ihrem Leben jemals ausgeben können. Ab einem bestimmten Punkt wird ihnen Verbrechen zur Gewohnheit, das Motiv ist die Sucht nach Glanz und Ruhm« (Sampson, a.a.O.).

# 4 Das Zeitalter der *mergers & acquisitions*: Der Markt für Unternehmen

## Die Praxis der Raubvögel wird gesellschaftsfähig

Feindliche Übernahmen blieben lange das Geschäft der Firmenpiraten aus dem Umkreis von Michael Milken. In Kreisen des alten amerikanischen Establishments hatte ihre Raubvogeltechnik mit der Ausspähung von Opferfirmen, ihrer Auslöschung und Zerfledderung keinen guten Ruf. Die meisten der Raider blieben gesellschaftliche Außenseiter. Als Al Gordon, der Direktor der alteingesessenen Investmentbank Kidder, Peabody & Co, seinen erfolgreichen Spezialisten für Übernahmegeschäfte, Martin Siegel, für eine Mitgliedschaft im feinen New Yorker River Club vorschlug, erfuhr er eine Ablehnung. »Ist das nicht der M&A-Schacherer?«, fragte eines der Mitglieder mit offenem Abscheu. Tatsächlich schlug Siegel und den übrigen Raidern auch die Abwehr der alten WASP-Ostküstenelite entgegen, der *white anglo-saxon protestants*, denn außer Boone Pickens stammten die Raider fast alle aus jüdischen Familien. Obwohl das Wort »jüdisch« nie ausgesprochen wurde, war es klar, dass die Clubs hier eine Grenze setzten, die nur in wenigen Fällen, wie im Falle Henry Kissingers, Ausnahmen zuließ (James B. Stewart 1992:199).

Das begann sich zu ändern, als eine Reihe von angesehenen Wall-Street-Firmen sich diese Technik ebenfalls zunutze machten und eigene Abteilungen für Übernahmen und Firmenkäufe aufmachten, die M&A-Abteilungen. Mit Macht begannen sie diesen Markt auszubauen, der von Milken entdeckt worden war, und bildeten eigene Abteilungen für *junk bonds* aus. Die Firma Goldman Sachs begann sich mit der *leveraged-buyout*-Technik zu befassen, der Aufnahme von Krediten zur Übernahme einer Firma, die durch das Vermögen oder die erwarteten Erträge der aufzukaufenden Firma abgesichert wurden. Goldman Sachs betreute die Übernahme von Macy, Morgan Stanley unterstützte zusammen mit Drexel die Übernahme von Revlon durch Ronald Perelman, und Merrill Lynch, Shearson Lehman und First Boston taten denselben Schritt des Aufbaus einer Abteilung für Übernahmen. Bei First Boston arbeitete in der M&A-Abteilung Bruce Wasserstein, der zum Star der Übernahmebranche wurde und dessen Abteilung später von der Dresdner Bank gekauft wurde.

Dabei kam ihnen die Entwicklung der Idee eines Markts für Unternehmen in der Firmentheorie zugute, die diesen Markt zu einem notwendigen Instrument erklärte, mit dem die Aktionäre als Eigentümer Druck auf das Management ausüben können.

## Die Rolle der Aktionäre

Sind Aktionäre nur Kapitalgeber, die vertraglich am Gewinn teilhaben, oder sind die Manager Delegierte der eigentlichen Eigentümer über das Unternehmen, der Aktionäre? Die entscheidende Frage, ob Aktionäre Miteigentümer sind oder nur Kreditgeber, ist umstritten (vgl. Walton 1999). Und sie ist theoretisch gar nicht lösbar, denn die Antwort ergibt sich allein aus dem Kräfteverhältnis zwischen der Finanzbranche und den Produktionsunternehmen. Je größer der Markt der börsenabhängigen Firmen ist, auf dem die Finanzbranche investieren und spekulieren kann, desto größer ist ihr Spielraum und desto stärkeren Druck kann sie auf die Produktionsfirmen ausüben. Ist dagegen die Fremdkapitalquote gering oder sind die Aktien ganz oder großenteils in festem Besitz, wie bei den meisten großen deutschen Aktiengesellschaften, haben die Produktionsfirmen einen größeren Handlungsspielraum und damit den Vorteil langfristiger Planungs- und Entwicklungsmöglichkeiten.

Wenn ein Einzelunternehmer mit seinem ganzen Kapital oder einem großen Teil an einem Unternehmen beteiligt ist, läuft er Gefahr, bei schlechter Geschäftsentwicklung sein gesamtes Vermögen einzubüßen. Der Aktionär dagegen kann durch Diversifikation seines

Portefeuilles sein Risiko streuen: Wenn er bei einem Einsatz verliert, kann er gleichzeitig bei einem anderen gewinnen, sodass sich sein Verlust ausgleicht oder zumindest in Grenzen hält. Aus dieser Voraussetzung heraus erklärt sich der Interessenkonflikt, der sich aus der Delegierung der Entscheidungsmacht an Manager ergibt: Während in der Einzelfirma der Inhaber eine langfristige Gewinnmaximierung, d.h. die Erzielung einer möglichst hohen Rendite auf die eingesetzten Ressourcen bei gleichzeitiger Sicherung des langfristigen Fortbestands seines Unternehmens, anstrebt, haben die Beteiligten an einer Aktiengesellschaft unterschiedliche Interessen. Nach der vorherrschenden ökonomischen Theorie wollen die Aktionäre auf ihr Kapital eine möglichst hohe Rendite erzielen, die sich in Kurssteigerungen und Gewinnausschüttungen manifestiert, und sind daher an einer Unternehmensführung interessiert, die gewährleistet, dass in kürzestmöglicher Zeit der größtmögliche Gewinn erzielt wird. Die Manager dagegen, soweit sie nicht selbst Aktien besitzen, sind an guten, langfristigen Beziehungen zu allen Beteiligten interessiert, zu Banken, Gewerkschaften und zu den Gemeinden, in denen die Betriebe angesiedelt sind, sodass die Steigerung des Aktienwerts nur ein Ziel unter anderen darstellt.

## Der Interessenkonflikt

Das neue Verständnis der Position des Aktionärs als »Prinzipal« wurde von Michael Jensen und William Meckling entwickelt, die beide ihren Abschluss an der Universität Chicago gemacht hatten, berühmt durch Milton Friedman und seine monetaristische Schule. Jensen und Meckling stellten die Beziehung zwischen Aktionär (*principal*) und Manager (*agent*) dar wie eine Beziehung zwischen Handwerker und Hausbesitzer: Der Handwerker soll ganz im Sinne des Hausherrn keine unnötige Zeit verschwenden und kein Geld für unnötige Dinge ausgeben, die die Arbeiten verteuern. Er soll also so sparsam und effektiv handeln, wie der Hausherr selbst handeln würde, wenn er die Arbeit machen könnte. Wie schafft es der Hausherr, die Handwerkerkosten, die *agency costs*, zu verringern? In Gesellschaften, in denen langfristige Beziehungen vorherrschen, kennt der Hausherr den Handwerker, und der Handwerker weiß, dass er weitere Aufträge bekommt, wenn er gut arbeitet. Das Problem der *agency costs* ist also nicht neu, es wurde nur neu formuliert. Die Manager, die über die Verwendung der betrieblichen Ressourcen im Geschäft und in der Planung entscheiden und das Unternehmen leiten, werden nun als die Agenten der Eigentümer betrachtet, während die Aktionäre als die »Prinzipale« gelten, weil ihnen die Firma gehört. Freie Aktionäre verstehen jedoch in der Regel so viel von der Leitung eines Unternehmens wie viele Hausherrn vom Handwerk. Sie können nicht beurteilen, ob sich mit einer anderen Unternehmensstrategie bessere Ergebnisse hätten erzielen lassen oder inwieweit Konjunktureinflüsse oder Nachfrageschwankungen die Arbeit des Managements beeinträchtigt haben. Den Informationsvorsprung der Unternehmensleitung können die verstreuten Kleinaktionäre kaum je einholen, geschweige denn überholen. Für dieses Defizit boten sich zwei Lösungswege an: Der eine war die Bezahlung der leitenden Angestellten und Manager mit Aktien. Sie sollten dadurch in dieselbe Position versetzt werden wie die Aktionäre, und man erhoffte sich davon, dass die Manager und leitenden Angestellten automatisch für das Wohl der Aktienkurse, den *shareholder value*, arbeiteten. Die *shareholder value*-Theorie glaubt noch einen zweiten Weg gefunden zu haben, wie dieser Konflikt gelöst werden kann. Um die *agency costs* zu minimieren, jene Kosten, die dadurch entstehen, dass die Manager sich nicht strikt am Wohl der Aktionäre orientieren, sondern auch andere *stakeholder*-Interessen berücksichtigen, entwickelten sie die Idee eines Markts für Unternehmensbeherrschung (*corporate control*), der nach Meinung seiner Befürworter dafür sorgt, dass die Manager im Sinne der Gewinnmaximierung handeln und die Aktionäre von den Kosten für spezifische Aufsichtsorgane entlasten, welchen die Aktionäre einsetzen müssten, um sicherzustellen, dass die Manager in ihrem Sinne arbeiten. Der Markt für Unternehmensbeherrschung stellt also einen externen Disziplinierungsmechanismus dar, der die internen Kontrollorgane ergänzt oder überflüssig macht. Nach dieser Theorie stellt die Leitung eines Unternehmens einen handelbaren Gegenstand dar, um den ein Wettbewerb zwischen der Unternehmensführung und außenstehenden Interessenten, insbesondere den Managerteams anderer Unternehmen, stattfindet. Mit einer feindlichen Übernahme muss demnach immer dann gerechnet werden, wenn ein Manager die kurzfristigen Rentabilitätsinteressen der Geldgeber missachtet. Eine Rangliste der Firmen derselben Branche bildet dabei den Maßstab, das so genannte *benchmarking*. Durch den Akt der Übernahme erhält dann derjenige die Verfügungsgewalt über das Unternehmen, der die Interessen der Aktionärseigentümer am effizientesten vertritt. Michael Jensen wurde einer der stärksten Befürworter der *LBO*s, der feindlichen Übernahmen, und erklärte 1989 in einem Beitrag für die *Harvard Business Review*, dass die bisherige Art der Unternehmungsführung sich überlebt habe. Er sollte sich noch korrigieren müssen.

## Der falsche Vergleich

Michael G. Keith war außer sich, als ihm C. Michael Armstrong den Gewinn von WorldCom vor die Nase hielt: »Das ist unmöglich, das kann nicht mit rechten Dingen zugehen!«, soll er geschrien haben. Armstrong blieb hart, und Keith wurde nach nur neun Monaten von der Spitze der Sparte Geschäftsservice in den Geschäftsbereich Funktelekommunikation der AT&T abgeschoben. Nicht, weil er seinem Job nicht gewachsen war, sondern weil er nicht dieselben Profite erwirtschaftete wie der stärkste Konkurrent WorldCom.

Keith verlor seine Position auf Grund des Benchmarking-Prinzips: Manager werden von den Vorständen daran gemessen, ob sie aus dem Konzern so viel Gewinne herausholen wie ihre Konkurrenz. Dieses Prinzip hatte sich in den Vorstandsetagen durchzusetzen begonnen, und selbst alteingesessene Institutionen wie Ma Bell, die von Graham

Bell 1876 gegründete amerikanische Telefon- und Telegrafengesellschaft AT&T, konnten sich dem kaum entziehen.

Benchmarking übt Druck auf die Manager aus. Doch dieser Maßstab für die Effizienz eines Managers ist höchst anfechtbar. Es ist zwar der Vergleich mit Unternehmen derselben Branche, weil man davon ausgeht, dass die Firmen derselben Branche denselben brancheninternen und gesamtwirtschaftlichen Einflüssen unterliegen und dieselbe Nachfrageentwicklung haben. Tatsächlich gemessen werden dabei jedoch lediglich die Wertsteigerung der Aktien und die Fähigkeit zur Erschließung neuer Märkte oder die erfolgreiche Verdrängung von Konkurrenten. In der Theorie funktioniert dieses Benchmarking-Verfahren dadurch, dass sich die Übernehmer von der Übernahme einen Gewinn versprechen, der sich aus der Differenz zwischen dem aktuellen Börsenkurs und demjenigen Marktpreis des Unternehmens ergibt, den es unter einer anderen Führung erzielen würde: Je größer diese Differenz, desto eher werden Übernehmerinteressenten angelockt. Der Unterschied zwischen dem aktuellen Aktienkurs und dem Kursen der anderen Unternehmen der Branche bildet sodann jenes »Kurspotenzial«, das, für einen nichtprofessionellen Anleger nicht leicht erkennbar, von den Finanzberatern der Investmentbanken ihren übernahmeinteressierten Kunden ganz genau vorgerechnet wird. Und dieses »Kurspotenzial« übt seinen Druck auf die Manager aus, ohne dass geprüft würde, welche Grundlage die Bilanzen der Vergleichsfirmen haben.

Nach der Entdeckung der Bilanzschwindel und Betrügereien in der Telekombranche erweist sich nun, dass das Benchmarking-Prinzip auf einer falschen Voraussetzung beruht: Die Vergleichsfirmen hatten frisierte Bilanzen vorgelegt, und ihre Steigerung des Aktienkurses beruhte auf Fälschungen und Manipulationen. Die von der Theorie gewünschte Überbrückung des Informationsdefizits der Aktionäre gegenüber der Firmenleitung lässt sich somit nicht wirklich dadurch begrenzen, dass man die Kontrolle einem solchen Markt für *corporate control* überlässt: Die *shareholder value*-Theorie hatte die Eigeninteressen der Intermediäre, der professionellen Unternehmensberater und Investmentbanken, nicht bedacht, die durch ihre spezifische Arbeit an Aktienkurs und Bilanzen die reine Idee des Marktes zunichte machten: Ihre Netzwerke arbeiteten mit Ranglisten, an deren Zustandekommen sie selbst, und nicht die Unternehmen, entscheidenden Anteil hatten.

Die neue Firmentheorie war von einem quasi naturgesetzlichen Interessenkonflikt zwischen Firmenleitung und Aktionären ausgegangen. Obwohl die Vorstellung, dass Aktionäre sich auch in die Position eines Managers versetzen und dessen vielfältige Entscheidungsgründe nachvollziehen können, nicht abwegig ist, hat sich die neue Unternehmenstheorie den Aktionär als einen einfältigen und egoistisch-misstrauischen Investor gemalt, der mit allen Mitteln seine Gewinnziele gegenüber anderen an der Firma beteiligten und von ihr lebenden Gruppen (den *stakeholders*) durchzusetzen wünscht. Doch dass die propagierten Lösungen für den entdeckten Konflikt nicht den Aktionären dienten, hat sich inzwischen allzu deutlich herausgestellt. Sie waren stattdessen wie geschaffen von und für die Börseninsider, die Intermediäre, die selbst an Aktiengeschäften verdienten, und für die Manager, die mit Aktien oder Aktienoptionen bezahlt wurden.

Die Vergütung mit Aktien und Optionen sollte im Sinne der *shareholder value*-Theorie das Interesse der Manager an der Aktienkurssteigerung wachrufen. Doch das Konzept des Eigeninteresses funktionierte zu gut: Manager haben einen kürzeren Zeithorizont als Unternehmen. Sie sahen in dem neuen *shareholder value*-Gedanken tatsächlich einen starken Anreiz zur Steigerung des Aktienkurses und pushten diesen durch Fusionen und Gewinnprognosen, die schlichtweg erfunden waren. Sie bedienten sich üppig an Aktien und Optionen und verkauften sie, kurz bevor sie ihr Spiel zu Ende gehen sahen. So ging diese Strategie auf Kosten der Firmen, die damit in tiefe Schulden getrieben oder gar ruiniert wurden. Noch heute gibt es Verteidiger dieser wohlfeilen Theorie, die davon überzeugt sind, dass die Theorie stimmt, nur die Menschen nicht. Michael Jensen allerdings, der zusammen mit Ken Murphy 1990 in der *Harvard Business Review* die Idee der Vergütung in Optionen vertreten hatte, ist heute davon überzeugt, dass dieses Konzept die Geschäftsethik verdorben hat: »Sie wirken auf Manager wie das Heroin auf die Drogensüchtigen«, erklärte Jensen nach den Erfahrungen des Börsenkrachs (Cassidy 2002).

Die Verlagerung der Interessenschwerpunkte von der Unternehmensführung auf die Steigerung der Aktienkurse hatte auch eine zunehmende Kriminalisierung zur Folge. Wenn Aktienkurse bereits überhöht sind und die Konkurrenzfirmen immer weitere und höhere Gewinne vorlegen, geraten die Manager unter großen Druck, die Erträge der Firma zu steigern: Um die Bilanzen vorlegen zu können, die die Wall-Street-Investoren sehen wollen, griffen viele daher auch zu illegalen Mitteln, um ihre Haut zu retten. »Von der Finanzabteilung von Xerox gab es einen wachsenden Druck, die schlechten Bilanzen mit Buchhaltungstricks auszugleichen«, berichtete James F. Bingham, vormalig Finanzassistent von Xerox, bei seiner Vernehmung durch die Börsenaufsicht im Dezember des Jahres 2000. »Die Leitung von Xerox gab den Buchhaltern dauernd bestimmte Zahlen vor, damit sie Gewinne durch entsprechende Buchhaltungstechniken produzierten. Es wurde zu einem Standardrezept, dass man auf die Buchhaltung blickte, um Einkünfte zu entdecken.« (Jensen 2001:19) Denn sinkende Erträge führen sofort zu rapide sinkenden Kursen und zum Austausch des Managements: »Wenn man die Manager so trainiert, dass sie für die Wahrheit bestraft und für das Lügen belohnt werden, dann bewirkt man natürlich das Ansteigen von kriminellem Verhalten.« Jensen hat zwar das simple Schema seiner Theorie nicht aufgegeben, wohl aber die Vorstellung, dass Manager durch die Bezahlung mit Optionen eher dem Wohl des Aktionärs dienen. Der Markt für Unternehmensbeherrschung hat nicht zur besseren Kontrolle der Manager geführt, sondern zum Anstieg der Weiße-Kragen-Kriminalität.

## Klientelismus an der Börse – »crony capitalism«

Der individualistische Ansatz der Firmentheorie hatte noch eine andere Fiktion zur Voraussetzung: Er geht davon aus, dass die isolierten Einzelindividuen, die über den Markt ihre Bedürfnisse befriedigen, einander nicht kennen. Diese Voraussetzung ist notwendig, weil andernfalls die Gefahr besteht, dass sie ihren Bekannten oder Freunden Vorteile gewähren, die die Theorie des Marktes in Frage stellen würde. Die Wall Street jedoch, die die Ökonomen gerne als Beispiel für den perfektesten Markt anführen, wurde in den neunziger Jahren ganz gegen alle Theorie von geheimen Informationsringen und verbotenen gegenseitigen Zuträgerdiensten der Börsenintermediäre beherrscht, die sich gegenseitig Vorteile verschafften, weil sie sich kannten. Diese Informationsringe sprechen der Basisannahme der Theorie von der permanenten Fremdheit zwischen Menschen Hohn – Menschen leben nicht isloliert, sondern inmitten einer urbanen Welt, zu der Geselligkeiten, Freundschaften und Bekanntschaften gehören. Jeder Mensch ist, wie es der Soziologe Norbert Elias einmal ausgedrückt hat, Mittelpunkt eines spezifischen konzentrischen Kreises von näheren und entfernteren Verwandten, Freunden und Bekannten, aber auch von Feinden und ihm unsympathischen Menschen, von denen er abhängig ist und die von ihm abhängig sind, und die er entsprechend ihrer Position in diesen Kreisen berücksichtigen muss. Doch man wird damit rechnen dürfen, dass die angelsächsische ökonomische Theorie auch diese Kränkung durch die Wirklichkeit überleben und die Behauptung, dass der Klientelismus, der »crony capitalism«, nur in Europa, Asien und Südamerika existiert, sich noch lange halten wird.

Die Firmentheorie erfasst freilich auch einen wichtigen Teil des Geschehens. Die gängige ökonomische Theorie kennt nur eine einzige Möglichkeit der Steuerung und Allokation von Ressourcen, nämlich den Markt. Aus dieser Not heraus hat sie der altbekannten Fiktion der vielen isolierten *homines oeconomici*, deren egoistisches Handeln in ihrer Gesamtheit das Funktionieren des Marktes garantiert, nun die Theorie eines Marktes für Unternehmen hinzugefügt. Damit bietet sie eine spezifisch ökonomistische Interpretation eines Prozesses, dessen tatsächliche Bedeutung nicht zu unterschätzen ist: Der Schwerpunkt ökonomischer Aktion wird durch die Tatsache, dass Unternehmen zum Gegenstand eines Marktes für Unternehmen geworden sind, von der Produktion auf die Finanzseite verlagert. Was die Unternehmen an Autonomie verlieren, gewinnen die Banken und Finanzdienstleister hinzu. Mit der Entfaltung dieses Marktes werden aus den bisherigen Dienstleistern der Unternehmen Akteure, die an deren Beherrschung partizipieren, während die Firmen zu Objekten degenerieren. Die neue Rolle verleiht der Finanzbranche also eine neue, ungeahnte Macht – sie fühlen sich als die neuen »masters of the universe«, wie es Thomas Wolfe in seinem Roman *Fegefeuer der Eitelkeiten* ausdrückt.

## Die etwas andere Deutschland AG

Während die amerikanischen Chief Executice Officers, die CEOs, über eine relativ uneingeschränkte und auch unkontrollierte Entscheidungsmacht verfügen, hat im »rheinischen Kapitalismus« ein Aufsichtsrat die Kontrollfunktion für den Vorstand der Aktiengesellschaften inne. Der mehrköpfige Vorstand selbst hat zwar einen Vorsitzenden, aber die einzelnen Vorstandsmitglieder sind für bestimmte Bereiche selbstständig verantwortlich, während wichtige Entscheidungen vom Vorstand gemeinsam beschlossen werden. Zumindest formal besteht ein mehrseitiges Kontrollsystem, das im Rahmen der Mitbestimmung auch die Arbeitnehmer einschließt. Allerdings sind die amerikanischen CEOs auch von der Aktionärsversammlung direkt absetzbar, während in der dualen Führungsstruktur von Aufsichtsrat und Vorstand in Deutschland eine Ernennung der Manager durch den Aufsichtsrat vorgesehen ist. Einfache, über Stimmung erzeugte Mehrheiten auf Aktionärsversammlungen können also in Deutschland keine Managerabwahl bewirken. In ge-

genseitigem Einvernehmen mit anderen beteiligten Unternehmen wird die Wahl oder Abwahl eines Managers in der Praxis häufig von den Hausbanken ausgehandelt. Aufgrund der von ihnen wahrgenommenen Stimmrechte haben sie in den meisten Fällen eine ausreichende Mehrheit, um ihr Votum durchsetzen zu können. Es handelt sich hier also um ein relativ geschlossenes Elitenkartell, das man deshalb als die Deutschland AG bezeichnet hat. Da sie auch über die besten Informationen über die Geschäftsführung, ihre Arbeitsweise und Unternehmensplanung verfügt, sind Managerabwahlen in Deutschland eher selten. Der entscheidende Unterschied zum Börsensystem ist jedoch zum einen der niedrigere Kostenfaktor und zum andern die relative Stabilität des Systems. Denn durch die engen Informationsverbindungen entfallen die hohen Transaktionskosten, wie sie an den Börsen durch die Intermediäre entstehen, und mit der Macht haben die Hausbanken im langfristigen Interesse der Unternehmen auch stets Verantwortung übernommen und damit zur Stabilität des politischen und ökonomischen Systems beigetragen. Ist der »Markt für Unternehmen« somit vor allem ein Phänomen der angelsächsischen Börsenstruktur?

Vodaphones feindliche Übernahme von Mannesmann beruhte nicht auf der schlechten Geschäftsführung des Ruhrkonzerns, sondern auf dem Interesse an der Erschließung des deutschen Mobilfunkmarkts, von dem sich die wesentlich kleinere Firma Vodaphone viel versprach. Mit dieser feindlichen Übernahme, bei der mehr als eine Milliarde DM an Transaktionskosten allein für die Übernahmeschlacht selbst verbrannt wurden, glaubten eine Reihe von Beobachtern einen Einbruch im deutschen System erkennen zu können. Doch Mannesmann konnte nur übernommen werden, weil mehr als 60 % der Aktien bereits in ausländischer Hand waren – Mannesmann hatte seine Aktien so ungünstig verteilt, dass es sich als Ziel eines Übernahmeangriffs geradezu anbot.

Unabhängig von diesem spektakulären Einbruch eines englischen Firmenmanagements in die Führung eines traditionsreichen deutschen Konzerns konnte man bereits eine innere Absetzbewegung vom Modell der Deutschland AG im Verhalten und in der Rhetorik von Großaktionären wie der Allianz und der Deutschen Bank feststellen. Die Allianz-Versicherung und die Deutsche Bank AG kauften sich auf dem angelsächsischen Markt Vermögensverwaltungsfirmen und Investmentbanken ein, um an den in den neunziger Jahren sprudelnden Gewinnen dieser Sparte teilzuhaben. Sie nahmen sich das angloamerikanische Modell zum Vorbild, versuchten sich als *global players*, und viele sprachen nur noch Englisch. Während Alfred Herrhausen noch vor dem Geschäft mit den feindlichen Übernahmen gewarnt hatte, legten sich die deutschen Banken nun eigene *mergers & acquisitions*-Abteilungen zu, beteiligten sich an der Aktienkurstreiberei des Marktes für Unternehmen mit seinen Übernahmegeschäften und inszenierten die Börsengänge junger Internetfirmen, an denen sie hohe Provisionen verdienten. Die Deutsche Bank kaufte sich den amerikanischen Investmentbanker Ed Mitchell ein, dessen Credo lautete »Wer mit 40 keine 100 Millionen Dollar auf dem Konto hat, ist ein Versager« (*Der Spiegel* 42/2002). Mitchell ließ ganze Abteilungen zu Gelagen nach Phuket in Thailand einfliegen, feierte am Lago Maggiore mit einer aus Florida georderten Band, und gelegentlich dezimierten Abordnungen der Frankfurter Bankiersszene die Schnapsvorräte einer spanischen Kleinstadt. Viel Geld wurde bei diesem versuchten Aufstieg zur Weltgeltung verloren – die amerikanischen und englischen Investmentbanker ließen sich offenbar nur gegen immense Aufschläge von den Deutschen einkaufen; sie ließen sich Boni für Geschäfte auszahlen, deren Zustandekommen äußerst unsicher war, und konnten nach erfolgreichen Geschäftsabschlüssen Gehälter fordern, die in keinem Verhältnis zur erbrachten Leistung für die Banken standen. Der von der Deutschen Bank ebenfalls teuer eingekaufte britische Fondsmanager Peter Young betrog seine Firma um fast 400 Millonen Pfund (*Handelsblatt*, 15. 1. 2003). Ob die deutschen Banker jedoch jemals in das Informationskartell eingedrungen sind, das die Wall Street beherrschte, ist zweifelhaft. Man wird auf die Memoiren eines Insiders warten müssen, um das zu erfahren.

Doch die naive Anglomanie erfasste nicht alle. Wenn Uwe Spaniol, der ehemalige Generalbevollmächtigte der Dresdner Bank, von seinen Vorständen wissen wollte: »Was ist denn eigentlich Investmentbanking? Den Handel mit Aktien und Anleihen, die Beratung bei Fusionen und Übernahmen – das haben wir doch alles bislang auch schon gemacht«, dann antworteten die Kollegen: »Das ist die Zukunft. Da wird das Geld verdient. Da müssen wir dabei sein.« (*Der Spiegel*, a.a.O.) Heute hat sich das Blatt gewendet. Die Banken werden noch auf Jahre hinaus damit beschäftigt sein, die Reserven wieder aufzufüllen, die sie für den Aufbau von Positionen in den USA verbraucht haben. Die Absetzbewegung von der Deutschland AG ist durch die Börseneinbrüche stark desavouiert, haben sich doch gerade deutsche Institute besonders exponiert und deshalb auch erstaunlich hohe Verluste erlitten. So war etwa das Engagement der Deutschen Bank bei dem luftigen Pleiteunternehmen WorldCom nach Angaben von *Business Week* höher als das amerikanischer Banken! Und selbst Rolf Breuer, Vorsitzender des Aufsichtsrats der Deutschen Bank und lange Zeit deren Sprecher, der sich öffentlich für die Auflösung der Deutschland AG stark gemacht hatte, glaubt inzwischen, die Skandale seien heilsam für alle, die das amerikanische Modell kritiklos auf Europa übertragen wollen. Ob es sich bei diesen Äußerungen um eine echte Absetzbewegung handelte oder nur um die Strategie einer Reihe von Leitfiguren, die sich von den Unternehmensberatungen einreden ließen, dass dem angelsächsischen Modell die Zukunft gehöre, ist noch nicht zu erkennen. Bisher ist es weder zu einer wesentlich höheren Mobilität der deutschen Aktien gekommen, noch ist es diesen Leitfiguren gelungen, die Mitbestimmung auszuhebeln und den Arbeitsmarkt zu deregulieren. Diese deutschen Besonderheiten erweisen sich als große Hindernisse für die Entwicklung eines Marktes für Unternehmen, denn feindliche Übernahmen lohnen sich, wie gesagt, nur, wenn Entlassungen ohne große Kosten möglich sind. Ob das Hartz-Modell hier Hilfe bringt, wird sich zeigen. Die größten Chancen für diese Geschäfte liegen nun in den Privatisierungen, bei denen Entlassungen möglich sind, die auf Kosten des Staates gehen, und bei denen Börsengänge Beratungshonorare und Emissionsprovisionen einbringen.

# 5 Staranalysten, Investmentbanker und der Synergieeffekt

Großinvestoren ebenso wie Pensionsfonds, deren Manager sich vor einem allgemeinen Publikum verantworten müssen, und die Millionen von Kleininvestoren stützen sich auf die Auskünfte von Beratern und Analysten, wenn sie ihre Kapitalien und Ersparnisse in Aktien anlegen. Analysten haben an den Börsen die Funktion, als Berater Investoren mit allen aktienrelevanten Berichten über die Firmen zu versorgen und Kauf- oder Verkaufsempfehlungen zu geben. Der Analyst baut zu diesem Zweck einen Apparat von Informationen aus den unterschiedlichsten Quellen auf und sammelt außerdem Hinweise aus persönlichen Gesprächen mit Insidern und Branchenkennern. Seine Aufgabe, den Investoren objektive Ratschläge zu geben, kann der Analyst natürlich nur erfüllen, wenn er zu den Firmen, die er empfiehlt, keine materielle oder persönliche Beziehung besitzt – eine Anforderung, die im Rahmen des beruflichen Umgangs der Menschen an der Börse miteinander nicht immer leicht einzuhalten ist. Persönliche Sympathien sind nie ganz auszuschließen, doch die Regeln der Zunft verlangen eindeutig, dass Analysten weder für die Firmen arbeiten, die sie den Investoren empfehlen, noch selbst Aktien dieser Firmen besitzen. Auch sollen die Firmen, für die die Analysten arbeiten, nicht von den Aufträgen der Firmen abhängig sein, deren Kauf oder Verkauf die Analysten empfehlen. Da aber Investmentbanken von derartigen Aufträgen für den Kauf oder Verkauf von Firmen leben, ist die unternehmerische Trennung zwischen Analyst und Investmentberatung eine notwendige Voraussetzung für die Vertrauensstellung, die einem Analysten an der Börse in der Öffentlichkeit zugeschrieben wird. Dass diese Trennung in den neunziger Jahren missachtet wurde, war einer der entscheidenden Gründe sowohl für den Aufschwung als auch für den nachfolgenden Zusammenbruch der Börse.

Jack Grubman gehörte bis zu seinem Abgang im August 2002 zu den mächtigsten Analysten der Wall Street. In seinen besten Tagen galt Grubman als Dirigent der amerikanischen Telekommunikationsindustrie: »Jack orchestrierte die Industrie«, sagte Susan Kalka von der Investmentbank Friedman Billings Ramsey Group. Für seine Firma, die Investmentbank Salomon Smith Barney, war Grubmans Arbeit ausgesprochen wertvoll: Grubman konnte Millionen von Dollar für neue Firmen locker machen, Investoren für Akquisitionen finden und damit enorme Honorare für Salomon Smith Barney einheimsen. Er war der Verbindungsmann einer Clique von Finanzmanagern, die die Telekomindustrie in den Jahren um die Jahrtausendwende dominierte; er versorgte die großen Firmen der Branche, Qwest, Global Crossing und WorldCom, mit Geld; er empfahl ihre Aktien an Investoren, war bei den Versammlungen der Firmenleitung dabei und arbeitete mit ihnen Strategien aus. Anders, als es das Berufsethos verlangt, waren Grubmans Ratschläge als Berater daher nicht unparteiisch: Grubman riet vor allem zum Kauf der Aktien jener Firmen, für die er selbst ein Beratungsmandat hatte. Seine Firma Salomon Smith Barney half Managern seines Netzwerks auch bei der Gründung von neuen Telefongesellschaften. Grubman empfahl mit wärmsten Worten die Aktien der neuen Firmen und schickte die Firmengründer auf Veranstaltungen, auf denen Investoren sich über neue Firmen und ihre Zukunftsaussichten informieren wollten. Dort sprachen sie dann von den Gesetzen der Silicon-Valley-Ökonomie und davon, dass sie größere Übertragungskapazität zu niedrigeren Preisen anbieten könnten als AT&T. Selbst Bilder, Videos und Hologramme würden sie übertragen können, und dementsprechend würde die Nachfrage steigen. Die Schau war stets gut orchestriert, und die Investoren glaubten an die neuen Aktien der Telekomluftschlösser.

Von Grubmans Talent profitierte etwa der Finanzmanager Clark McLeod, der zu seinem Netzwerk gehörte. Er konnte seine von Grubman hoch gepriesene Neugründung MCI für 1,25 Milliarden Dollar verkaufen und steckte dabei 50 Millionen Dollar ein. Mitte der neunziger Jahre gründete McLeod zusammen mit Richard Lumpkin eine weitere neue Gesellschaft, die McLeod Communications, die die Verlegung von 31 000 Meilen Telefonkabel plante und dafür 3,4 Milliarden Dollar aufbrachte. McLeod stattete die Angestellten seiner neuen Firma mit seinem Buch *This Way up* (»Dieser Weg führt nach oben«) aus und versprach, dass die Gewinne im Jahr 2007 bei über elf Milliarden Dollar liegen würden. Grubman half ihm und setzte die Aktien konstant auf »kaufen«, bis die Firma im Januar 2002 bankrott machte. Die beiden Manager McLeod und Lumpkin hatten vorher noch rechtzeitig ihre Aktienoptionen umgewandelt und durch den Aktienverkauf 99 bzw. 111 Millionen Dollar in bar einstecken können.

Die Deregulierung des Telefonmarkts in den USA im Jahre 1996 hatte jeder Firma erlaubt, sich auf den Markt für lokale Gespräche zu begeben und mit AT&T zu konkurrieren, der alten Ma Bell, die durch die Anti-Trust-Gesetze in eine Reihe regionaler Einzelgesellschaften aufgelöst worden, aber auf dem lokalen Telefonmarkt weiterhin nahezu unangefochten geblieben war. Zu den ersten Firmen, die sich neu auf diesen Markt begaben, gehörte MFS Communications Co, die lokale Telephonnetze aufbaute und gute Geschäfte machte. 1996 wurde sie für die unerhörte Summe von 10 Milliarden Dollar von World Com aufgekauft. Die Manager von MFS machten dabei ebenso ihren millionenschweren Gewinn wie die Investmentbank von WorldCom, Salomon Smith Barney, die mehrere zehn Millionen Dollar an Honoraren einstreichen konnte. Seit dem Beginn der Liberalisierung hatte Grubman 81 neuen Telekomfirmen zu Krediten und Kapitaleinlagen im Wert von 190 Milliarden Dollar verholfen, wofür die Firma Salomon 1,2 Milliarden Dollar an Honoraren einnahm, inklusive der sich an diese Finanzierungsvermittlungen oftmals direkt anschließenden Beratungshonorare. Auf Grubmans Wort hin schnellten die Aktienkurse in die Höhe – nie zuvor hatte das Wort eines Analysten eine so große Wirkung gehabt wie in diesen Jahren. Als er am 14. März 2000 die Zielmarke für die Metromedia Network verkündete, die Salomon Smith Barney an die Börse gebracht hatte, stiegen die Werte sofort um 16 % auf 46 Dollar. Keine zwei Jahre später, im Mai 2002, war die Firma insolvent.

AT&T, die regionalisierte Telefonfirma, konnte im Sinne der Grubmanschen Rhetorik nur altmodisch und schlecht sein, stellte sie doch jenes Unternehmen dar, gegen das die neuen Telekomfirmen, die er empfahl, auf dem Markt antraten. Grubman hatte die AT&T-Aktie dementsprechend stets negativ eingeschätzt. Sanford Weill, Chef der Citicorp, zu der Salomon Smith Barney gehört, war zugleich Mitglied des Board von AT&T. Aber er hatte Grubman lange Zeit nicht umstimmen können. Eines Tages bat ihn Grubman, etwas für die Aufnahme seiner Töchter in die berühmte New Yorker Vorschule 92nd Street Y zu tun, in der die Kinder der Oberschicht von Manhattan auf die Schule vorbereitet werden. Die Aufnahme ist schwierig, aber ein Anruf von Weill und eine Spende von einer Million Dollar genügten, um Grubmans Töchtern den Weg nach oben zu ebnen. Danach schaltete Grubman um und setzte seit November 1999 auf »kaufen« der AT&T-Aktien. Es war üblich, dass Investmentbanken, deren Analysten die Aktien eines Unternehmens als negativ bewerteten, keine Aufträge erhielten, aber nach der Neueinschätzung AT&Ts durch Grubman wählte die Firma AT&T im April 2000 die Investmentbank Salomon Smith Barney als Emissionsbank für eine Aktienemission im Werte von 10,6 Milliarden Dollar. Der Staatsanwalt wirft Sandy Weill heute vor, dass er die Spende aus der Firmenkasse nahm: Was buchungstechnisch wie eine wohltätige Spende für die Verbesserung einer Ausbildungseinrichtung aussah, stellt sich nun als Bestechung eines Analysten heraus, um an einen Firmenauftrag im tausendfachen Wert der Spende zu gelangen.

Grubman wusste, dass er mit seiner Verquickung von Beratung und seinem eigenen Interesse und dem seiner Firma an den empfohlenen Aktien eine Grenze überschritt, aber er hatte einen passenden Begriff dafür: »Wo früher ein Konflikt war, haben wir heute Synergieeffekte!«, sagte er in einem Interview mit *Business Week* im Jahr 2000. Er stellte diese Verquickung als das »neue Modell« der modernen Wall Street dar. Grubmans Chef Sandy Weill unterstützte

Grubman einerseits, bestand aber andererseits darauf, dass die Objektivität der Analysten nicht durch gleichzeitige Beratung untergraben werden dürfe, wenn sie nicht das Vertrauen der Anleger verlieren wollten. Damit spielte er in der Öffentlichkeit ein doppeltes Spiel, denn Grubman trug ihm viel Geld ein.

Der Fall Grubman repräsentiert stellvertretend für viele gleich gelagerte Fälle von korrumpierten Analysten jenen Konflikt, der zu Boom und Zusammenbruch führte: Wer von einem Unternehmen Beratungshonorar erhält, kann nicht gleichzeitig objektiv dessen Geschäftsaussichten beurteilen. So half Grubman dem Gründer von Qwest bei der Auswahl seines Geschäftsführers Nacchio, und er riet Gary Winnick, dem Chef von Global Crossing, 1999 dazu, für elf Millionen Dollar die Firma Frontier Communications zu kaufen. Wie sollte er da noch in der Lage sein, eine objektive Analyse von Qwest und Global Crossing für Investoren abzugeben? Noch im März 2001, als sich das Platzen der Telekomblase bereits abzeichnete, lud er die Investoren in seinem Bericht über den »Zustand der Nation« zum Kauf von Global Crossing-, Qwest- und WorldCom-Aktien ein: »Wir glauben, dass der Bedarf an Netzwerkkommunikation stark bleibt. Der Anteil der Telekomdienste am Bruttosozialprodukt wird sich in den kommenden sieben oder acht Jahren verdoppeln« (*New York Times*, 20. 9. 2002). Man darf also raten, ob Grubman von seiner Analyse überzeugt war oder ob er durch die Millionen von Dollar motiviert wurde, die ihm diese Unterstützung von seiner Telekomclique einbrachte.

Jack Benjamin Grubman, der 1954 in Philadelphia als Sohn eines städtischen Beamten geboren wurde, hatte in seinem Lebenslauf mit einem Mathematikabschluss des renommierten MIT geprahlt, das er niemals besucht hat. Auch dass er in dem Viertel aufgewachsen war, in dem der Sänger Frankie Avalon und der Filmboxer Rocky Balboa berühmt wurden, stimmte nicht. Aber Grubman war auch in kleinen Dingen auf Wirkung bedacht – ein Abschluss am MIT machte sich einfach besser als ein Abschluss der Boston University, die er tatsächlich besucht hatte. Grubman liebte das Licht der Öffentlichkeit, in der er als Spitzenanalytiker der Wall Street rangierte – ein Analyst, der zum Medienstar geworden war. Grubman nahm diese Rolle eines großen Dirigenten des Telekombooms gern an – sein Bild prangte auf Magazintiteln, er saß beim Fototermin neben den Telekomfirmenchefs, wenn sie große Ankäufe bekannt gaben. Aber er beschwerte sich bitter darüber, als er in den Medien auch als perfekter Repräsentant für den Niedergang der Telekomindustrie herhalten musste, als die Spekulationsblase platzte.

Obwohl Grubman die Investoren gedrängt hatte, ihr Geld in Aktien von unbekannten Telekomfirmen anzulegen, die bald darauf untergingen, erhielt er ein Gehalt von 20 Millionen Dollar pro Jahr, denn bei den Investmentbanken zählt nicht das Wohl der Firmen, sondern es geht einzig um die Gebühren und Honorare für den Kauf und Verkauf von Aktien, deren Kurs mit Hilfe seiner optimistischen Prognosen hochgeschraubt worden war. Am 15. August 2002 verließ Grubman die Firma mit einer Abfindung von 32 Millionen Dollar.

Grubmans Abschiedsbrief macht auf bezeichnende Weise den Realitätsverlust von führenden Analysten der Wall Street deutlich: Er enthält nur einen einzigen, beiläufigen Hinweis auf seine Anlageberatung. Im Übrigen zeigt er, dass Grubman vielleicht gar nicht begriffen hat, welche Rolle er in diesem Spiel wirklich spielte. Ein erwachsener Mann, der vor dem Scherbenhaufen einer Branche steht, deren Ruin er selbst an entscheidender Stelle mit herbeigeführt hat, beschwert sich mit der Weinerlichkeit eines Sechsjährigen, dass ein Sperrfeuer von negativen Berichten seine gesamten Bemühungen um die Telekomindustrie in den Schmutz ziehe, dass die fortgesetzten negativen Erklärungen seine Arbeit zerstört hätten und seiner Familie großen Schmerz zufügen würden. Der Gedanke an diejenigen Familien, deren Altersvorsorge vernichtet ist, weil ihre Pensionskassen auf den dringenden Rat von Herrn Grubman hin zu lange an der Telekomparty teilgenommen haben, kommt ihm nicht. Unerwähnt bleiben auch die Anleger, die noch im Herbst 2000 an WorldCom festgehalten haben, als die Aktien bei 25 Dollar lagen, weil Grubman sagte, sie würden auf 87 Dollar steigen. Die Aktien der WorldCom schlossen am Tag von Grubmans Abgang bei 12 Cents. Grubman schien in dem Glauben befangen, die Medien, die bisher auf seiner Seite waren, hätten nunmehr beschlossen, den Boom platzen zu lassen, den er so mühsam aufgebaut hatte. Mag sein, dass Gretchen Morgenson, die sich in der Börsenkolumne der *New York Times* diesem Fall widmete, recht mit der Annahme hatte, dass Grubman selbst Gefangener seiner Träume war und Gefangener der Lügengebäude seiner Branche (*New York Times*, 18.8.2002). Tatsächlich stellte auch der demokratische Kongressabgeordnete Michael E. Capuano anlässlich des Erscheinens von Grubman vor dem Komitee für Finanzdienste des Repräsentantenhauses fest: »Wir haben hier einen unabhängigen Analysten, der weder unabhängig ist noch analysieren kann.« Aber Grubman war auch Mitarbeiter einer Branche, die sich durch große Geschlossenheit auszeichnet und der der Erfolgsdruck wenig Zeit zum Nachdenken lässt. Denn natürlich war es nicht Grubman allein, der die Telekomspekulation aufblies, auch wenn seine Medienpräsenz die Aufmerksamkeit von den zahlreichen Kollegen abzog, die ihm dabei halfen. Vielleicht machten sie dabei sogar noch mehr Geld als Grubman, der gern vor Publikum spielte. Aber sie waren ebenso wie Grubman verantwortlich für die verlorenen 2 Billionen Dollar, die Investoren und Kreditgeber in den vergangenen Jahren in den Telekomsektor gesteckt hatten. Sie waren es, die den Telekomfirmen dazu geraten hatten, immer mehr Kredite aufzunehmen, um eine Kapitalstruktur zu bilden, die viele in den Ruin führen musste. Tony Whittemore und David Diwik verließen Salomon Smith & Barney im November 2000, ein paar Tage bevor Enron Konkurs anmeldete, und wurden von der Deutschen Bank übernommen. Tom Jones und Christopher Lawrence gingen zur Credit Suisse First Boston, und andere sind noch immer bei Salomon (*New York Times*, 18.8.2002).

Nach der Anklageerhebung im September machte die Staatsanwaltschaft mit Grubman einen Handel, und er stellte sich gegen die Niederschlagung eines Teils der Anklage als Zeuge zur Verfügung. Auch die Citigroup, die größte US-Bank, steht wegen mehrerer krimineller Delikte und wegen ihrer Verwicklung in den Fall Enron unter Anklage. Die Kurse sind gefallen, und der größte Aktionär, der saudische Prinz Alwaleel, beschwerte sich bei Sanford I. Weill über die zehnprozentigen Verluste.

Als Debases Kanjilal zu Beginn des Jahres 2001 seinen Anwalt Jacob H. Zamansky anrief, um sich bei ihm über die 500 000 Dollar zu beklagen, die er durch Anlage in Aktien der Firma Infospace Inc. verloren hatte, war ihm nicht klar, dass er damit einen Sturm entfachte, der die Akteure der Wall Street bis ins Mark treffen würde. Kanjilal hatte die Aktien dieser Firma bei 60 Dollar verkaufen wollen, aber der Broker von Merrill Lynch hatte ihm abgeraten. Als er dann schließlich doch verkaufte, waren die Aktien auf elf Dollar gesunken. Zamansky reichte Klage gegen Merrill Lynchs Staranalysten Henry Blodget wegen betrügerischer Wertpapierberatung ein. Der Verdacht auf Aktienkursmanipulation lag nahe, da die Firma Merrill Lynch selbst Investmentbankbeziehungen zu Infospace hatte. Die New Yorker Staatsanwaltschaft leitete sofort das Verfahren ein. Merrill Lynch, die größte Börsenfirma der Welt, die in den letzten Jahrzehnten Regierungen in Fragen der Privatisierung und Konzerne in Fragen der Reorganisation beraten hatte, vor deren Analysen Finanzminister zitterten und Notenbankchefs ins Schwitzen gerieten – diese Firma hat Tausende von Mitarbeitern auf die Straße gesetzt und kämpft derzeit um ihr Überleben. Die Macht der Händler, die in den Hochzeiten des Booms eigene Chauffeure und Privatflugzeuge hatten, mit denen sie sich zum Tennisturnier nach Boca Raton oder zu einem Rendezvous im Louvre bringen ließen, scheint tief erschüttert, ihr Lebensstil stark gefährdet, seit Merrill Lynch mit Prozessen überschüttet wird. Offenbar hatten die Staatsanwälte schon seit längerem verdächtige Vorgänge beobachtet und konnten die Wall Street gleich zu Beginn mit der Veröffentlichung einiger E-Mails überraschen, die nicht nur eine höchst innige Verbindung zwischen Analysten und Bankern erkennen ließen, sondern auch eindeutige Betrugsabsichten: Eine der E-Mails enthielt eine Antwort an einen der Merrill-Lynch-Banker, der ihn aufgefordert hatte, eine Internetfirma besser zu bewerten: »Ständig lese ich solche E-Mails, und ich habe keine Lust, die Schwächen der Firmen zu übersehen. Solange es keine Direktive vom Merrill-Management zum besonders sensiblen Umgang mit Kunden gibt, werde ich die Firmen genauso bewerten, wie ich sie sehe.« Es gab also offensichtlich solche Direktiven, die unabhängig von dem vom Analysten geschätzten Firmenwert eine Richtlinie für die Bewertung von Firmenaktien in der Öffentlichkeit darstellten. In den Botschaften an seine Kollegen, die vom Staatsanwalt veröffentlicht wurden, wurde deutlich, dass Blodget etwa die Aktie der Firma AdHome im Kollegenkreis als »piece of junk« (Stück Dreck) beschrieb, während er zum gleichen Zeitpunkt dem Publikum den Kauf dieser Aktie wärmstens ans Herz legte. Dass nicht nur Merrill Lynch, sondern auch er selbst dabei gewann, indem er und seine Mannschaft zu Beginn Aktien kauften und sie wieder verkauften, nachdem die von ihm und seinen Kollegen kräftig mit angeheizte Publikumsnachfrage zu den erwarteten Kurssteigerungen geführt hatte, brachte ihm die Anklage wegen Betrugs in Verbindung mit Selbstbereicherungsabsicht ein. Blodget sind inzwischen 52 verbotene Transaktionen dieser Art allein zwischen Dezember 1999 und November 2000 nachgewiesen worden. Sein Jahresgehalt war dadurch von drei auf 13 Millionen Dollar gestiegen. Merrill Lynch musste 100 Millionen Dollar Strafe zahlen, und in großen Zeitungsanzeigen entschuldigte sich die Firmenleitung bei ihren Kunden für den Betrug. Generalstaatsanwalt Eliot Spitzer hat seine Untersuchungen auf andere Wall-Street-Firmen ausgedehnt, darunter Goldman Sachs, Salomon Smith Barney, Morgan Stanley Dean Witter und drei weitere – alles keine aufstiegshungrigen Neulinge, sondern alteingesessene Häuser. Jacob Zamansky und einige weitere Anwälte von Klägern, die durch die Börsenmanipulationen viel Geld verloren haben, suchen über Zeitungsannoncen nach weiteren Geschädigten, die sich der Sammelklage anschließen. Dem Krach der Finanzbranche folgt unmittelbar ein großes Geschäft für die Anwälte.

Die Trennung von Investmentberatung und Analyse, die der langjährige Chef der Börsenaufsicht, Arthur Levitt, stets gefordert hatte, ist inzwischen wieder ein breit diskutiertes Thema, und viele gewichtige Stimmen halten es für unabdingbar, eine strengere Trennung nicht nur innerhalb der Investmentbanken vorzunehmen, sondern die Analyse- und Research-Funktionen einerseits und die Investmentbankfunktionen andererseits auch unternehmerisch zu trennen. Der Maklerverband, der jahrelang die gängige Praxis toleriert hat, hält das für zu weit gehend und setzt auf die Selbstregulierung. Doch wer sollte ernsthaft an die Aufrechterhaltung von »chinesischen Mauern« zwischen den einzelnen Abteilungen der Investmentbanken glauben, wenn mit den »Synergieeffekten« à la Grubman so viel Geld zu verdienen ist? Die strenge Trennung, die nach dem großen Börsenkrach 1929 durch den Securities Act von 1933 zwischen Geschäftsbanken und Investmentbanken eingeführt wurde und die gerade den Insiderhandel und die Manipulation des Marktes verhindern sollte und lange Jahrzehnte auch verhindert hat, war von Robert Rubin, dem Finanzminister unter Clinton und ehemaligen Goldman-Sachs-Manager aufgehoben worden: Man wollte *global player* heranzüchten, die nicht nur regional, sondern auch national agieren konnten, und man wollte den Firmen deshalb nicht die *economies of scope* versagen, die Gewinnmöglichkeiten durch Expansion in benachbarte Gebiete (Stiglitz 2002). Grubman und seine Kollegen hatten genau dies sehr gut begriffen und nutzten die Synergieeffekte so bravourös, dass viele von ihnen selbst glauben mochten, dass es sich hier um die Geschäftsgrundlage eines neuen Zeitalters und einer neuen Ökonomie handelte. Aber die Aufgabe dieser Trennung hat erneut zu demselben Ergebnis wie in den zwanziger Jahren geführt, der Bildung einer Spekulationsblase. Nicht nur die irregeführten Investoren, nicht nur die Mitarbeiter, die entlassen wurden und teilweise ihre Pension verloren, die ganze Telekomindustrie der Vereinigten Staaten hat unter der Herrschaft dieser Clique stark gelitten. Die Zuverlässigkeit der amerikanischen Telekommunikation war berühmt, 95 % der Bevölkerung waren an das Telefonnetz angeschlossen. Inzwischen aber malt *Business Week* das Gespenst des Rückfalls der USA vom ersten auf den zweiten Rang in der technischen Entwicklung an die Wand: Wenn das Kapital sich aus einer Skandalbranche zurückzieht, dann kann das nur den Konkurrenten Japan und Korea nützen.

# 6 Die Hohen Priester der Unternehmenskultur

*Ein Unternehmensberater trifft bei einem Kurzurlaub in Griechenland auf eine Schafherde und findet Gefallen an der Idylle. »Geben Sie mir ein Schaf, wenn ich Ihnen sage, wie viele Schafe Sie haben?«, fragt er den Schäfer. Der Schäfer willigt etwas erstaunt ein. Der Unternehmensberater zieht sich in seinen Landrover mit Allradantrieb zurück, holt seinen Laptop hervor und beginnt darauf einzutippen. Alsbald taucht über der Gegend ein Hubschrauber auf, der mit einer Infrarotsuchanlage ausgestattet ist und über der verwirrt hin- und herlaufenden Schafherde kreist. Der Hubschrauber entfernt sich wieder, und der Unternehmensberater klappt befriedigt seinen Laptop zu: »194 Schafe!« »Stimmt«, sagt der Schäfer. Der Unternehmensberater nimmt sich eines der Tiere und lädt es auf die Rampe seines Landrovers. »Kriege ich mein Tier zurück, wenn ich Ihnen sage, was Sie von Beruf sind?« Diesmal ist der Unternehmensberater erstaunt: »Okay« »Unternehmensberater!« »Wie sind Sie denn darauf gekommen?« »Das war nicht schwer – Sie haben mir etwas erzählt, was ich sowieso schon wusste, und haben dann einen Lohn dafür verlangt, obwohl Sie keine Ahnung von Schafen haben. Und jetzt geben Sie mir meinen Hund wieder, den Sie auf Ihre Rampe geladen haben.« (In Beraterkreisen kursierende Selbstkarikatur)*

## Die Evolution der Buchprüfer

Seit den achtziger Jahren haben die Wirtschaftsprüfer insbesondere im angelsächsischen Raum eine erstaunliche Transformation durchgemacht. Aus den zurückhaltenden Revisoren, die, zwischen Finanzamt und Unternehmen angesiedelt, eine eigene treuhänderische Berufsethik entwickelt hatten, haben sich in den achtziger Jahren sechs weltweit operierende Unternehmen herauskristallisiert, die bald als »big six« bekannt wurden. Sie betrieben eine aggressive Politik der Expansion und suchten täglich neue gesellschaftliche Bereiche ihren Diensten zu unterwerfen. Heute ist die Branche ins Zwielicht geraten, die berufliche Veränderung und der rasche Aufstieg ins Rampenlicht sind ihr schlecht bekommen. Wie kam es zu dieser Entwicklung?

Die Wirtschaftsprüfer führten lange Zeit ein Leben im Verborgenen. Mit dem Unternehmensgesetz von 1844 war es britischen Staatsbürgern erlaubt, ohne königliches oder städtisches Privileg ein Unternehmen zu gründen, wenn sie bestimmte Regeln einhielten. Die neuen, frei gegründeten Unternehmen erhielten 1852 das Privileg der beschränkten Haftung, mussten sich jedoch dafür regelmäßig von nichtfirmeneigenen Buchhaltern prüfen lassen und eine Jahresbilanz veröffentlichen. Unabhängige Buchhalter gehörten zu den Honoratiorenberufen, deren Stolz es war, fachmännisch und unparteiisch wie ein Schiedsrichter zu sein. Bis 1904 gab es in England 6000 eigenständige Buchhalter als Wirtschaftsprüfer, 1957 bereits 38 000, und 1999 zählte das Institute of Chartered Accountants in England and Wales 109 000 Mitglieder.

Heute hat sich das Bild der Branche grundlegend verändert. Margaret Thatchers Deregulierungspolitik machte aus einer Gilde von zurückhaltenden Gentlemen eine völlig neue Unternehmenssparte. Seit 1984 dürfen sie Reklame für sich machen und fungieren nicht mehr nur als Buchprüfer in Finanz- und Steuerfragen, sondern bieten auch Beratung und Evaluation für Unternehmen und für öffentliche Verwaltungen an. Die großen Buchprüfungsfirmen machen nicht nur Steuerprüfung, sondern auch Steuerberatung, beraten beim Outsourcen von Betriebsteilen, bei Umstrukturierungen, sind als Berater des Managements tätig und erarbeiten Vermarktungskampagnen und PR-Aktionen.

## Die »big five«

Der kometenhafte Aufstieg der Wirtschaftsprüfer zu entscheidenden Gestaltern der wirtschaftlichen Verhältnisse in amerikanischen und europäischen Konzernen verlief vom großen Publikum nahezu unbemerkt. Selbst die spektakulären Fälle des Versagens der Wirtschaftsprüfer bei der Barings-Bank (Coopers & Lybrand), wo der Händler Nick Leeson durch eine Reihe von Geschäften, die der Buchprüfung entgingen, den Ruin der Bank herbeigeführt hat (vgl. Luhmann 2001), oder bei der Geldwäschebank BCCI (Price Waterhouse und Ernst & Whinney) hatten keine nachhaltige Wirkung auf das Ansehen der Wirtschaftsprüfer. Wie ein Mantel hatte der Nimbus des Unparteiischen die dubiosesten Finanztransaktionen verdeckt, die das Finanzsystem in einigen Fällen ernsthaft in Gefahr gebracht haben. Erst als Arthur Andersen die Bücher von Enron einem Autodafé überantwortete und sich somit im Verschwinden unsterblich machte, begann man auf das Treiben dieser neuen Hohen Priester der Unternehmenskultur aufmerksam zu werden.

Die Firma gehörte zu den »big five«, die von den »big six« nach der Fusion von Lybrand Coopers mit Price Waterhouse 1998 übrig geblieben waren. Diese großen alten Buchprüfungsgesellschaften beschäftigten noch im Jahre 2001 weltweit 514 000 Mitarbeiter, die ihnen 65 Milliarden Dollar einbrachten. Alle fünf blicken auf eine lange englische und amerikanische Firmentradition zurück. KPMG hat außerdem noch holländische und deutsche Ursprünge, Deloitte Touche Tohmatsu hat eine japanische Firma integriert, und mit der Übernahme von Ernst & Young hat sich auch die französische Firma Cap Gemini in die Reihe der »big five« eingereiht.

### Deloitte Touche Tohmatsu

Deloitte Touche Tohmatsu kann sich auf Josiah Wade berufen, der schon 1780 als Buchprüfer nachweisbar ist, dessen Name freilich durch die Fusion mit anderen Büros verloren ging. Das englische Büro Deloitte & Co entstand 1971 aus einer Reihe von Fusionen englischer

Buchprüferfirmen und verband sich mit der amerikanischen Firma Haskins & Sells. 1989 ging die neue englisch-amerikanische Firma mit der englischen Firma Touche Ross und mit der japanischen Buchprüfungsfirma Tohmatsu Awoki Sanwa zusammen und bildete die heutige Deloitte Touche Tohmatsu, die mit 95 000 Mitarbeitern in 140 Ländern im Jahre 2001 12,4 Milliarden Dollar Umsatz machte.

### KPMG

KPMG führt sich auf den Buchprüfer William Barclay Peat zurück, der in London 1870 eine Firma gründete, und auf James Marwick, den Gründer von Marwick Mitchell & Co (New York 1897). 1911 legten sie ihre Firmen zu Peat Marwick International (PMI) zusammen. Die 1917 gegründete holländische Firma Klynveld, Kraayenhof & Co schloss sich 1979 mit der Deutschen Treuhand-Gesellschaft und einer weiteren Firma, der McLintock Main Lafrentz, zusammen, um Klynfeld Main Goerdeler zu bilden. Goerdeler war Vorsitzender der Deutschen Treuhand, und die Initiale seines Namens ist in der neuen Firma aufgehoben, die 1987 aus der PMI und der KPMG entstand.

Nach dem Fall von Arthur Andersen trennte sich KPMG von der Beratungsabteilung, und die frühere KPMG Consulting wurde in eine unabhängige Firma überführt, die Bearing Point.

### Cap Gemini Ernst & Young

Die Firma Ernst & Ernst in Cleveland (1903) schloss sich mit der englischen Firma Whinney Murray & Co und Turquand, Barton Mayhew & Co 1979 zu Ernst & Whinney zusammen und bildete seit 1989 mit der Firma Arthur Young aus Chicago (1906) die neue Firma Ernst & Young. Im Jahr 2000 wurde Ernst & Young von der französischen Firma Cap Gemini übernommen und firmiert heute unter dem Namen Cap Gemini Ernst & Young.

### PricewaterhouseCoopers

Die englische Firma Price Waterhouse geht auf Samuel Lowell Price (1849) und Edwin Waterhouse (1864) zurück, beides Londoner Firmen, die seit 1865 zusammenarbeiteten. In William Coopers Buchprüfungsfirma gingen eine große Zahl englischer Büros auf, darunter u.a. die Firma W.H. Cork, Gully & Co, bevor sie 1973 mit der amerikanisch-kanadischen Firma Lybrand, Ross Bros & Montgomery zusammenging. Die neue Coopers & Lybrand fusionierte zwischen 1990 und 1992 mit Deloitte & Touche zu Coopers & Lybrand Deloitte, gab diese Zusammenarbeit aber nach Konfusionen auf den ausländischen Märkten wieder auf und schloss sich 1998 mit Price Waterhouse zu PricewaterhouseCoopers (PwC) zusammen. Im Oktober 2002 wurde die Beratungssparte von PricewaterhouseCoopers für 3,5 Milliarden Dollar von IBM übernommen.

### Arthur Andersen

Arthur Andersen war eine der ältesten Buchprüfungsgesellschaften der USA. Arthur Andersen, Sohn norwegischer Einwanderer, hatte bei Price Waterhouse sein Handwerk als Buchprüfer gelernt und gründete 1913 in Chicago seine eigene Firma. Andersen war maßgeblich an der Standardisierung der Buchhaltung in der amerikanischen Industrie in den fünfziger und sechziger Jahren beteiligt. In den Siebzigern versuchte sein Nachfolger Leonard Spacek die Trennung von Beratung und Wirtschaftsprüfung einzuführen: »Wir sollten zwei große Firmen daraus machen«, forderte er, aber er konnte sich gegen die Partner nicht durchsetzen. Erst als im Jahre 2000 die Firma so groß geworden war, dass sie an die Börse ging, bekam sie von der Börsenaufsicht die Auflage, sich in zwei Firmen zu teilen, in Arthur Andersen und Andersen Consulting (später umbenannt in Accenture). Aber Arthur Andersen baute sich selbst rasch wieder eine völlig neue Beratungseinheit auf. Arthur Andersen hatte zuletzt 85000 Angestellte bei einem Umsatz von zehn Milliarden Dollar.

Die ursprüngliche Betriebsform dieser Buchprüfer war die »Partnership«, die Teilhaberschaft, die auch vererbbar war, eine Betriebsform, die in Berufen dieser Art, bei Anwälten, Ingenieuren oder Architekten, weit verbreitet ist. Anfang der achtziger Jahre hatte eine Gruppe von Partnern die Familien Andersen und Spacek ausbezahlt und die Firma übernommen. Heute ist der familiäre Stil verschwunden und bei den Buchprüfern hat sich seit den neunziger Jahren die Rechtsform der Aktiengesellschaft durchgesetzt, ohne dass jedoch die Partnership aufgegeben wurde.

## Die Oligopolisten

Als aus vielen treuhänderischen und unparteiischen Revisoren durch sukzessive Zusammenschlüsse wenige neue Großunternehmen geworden waren, die beraten durften und Reklame machen konnten, da wandelte sich auch ihr Berufsideal und aus Honoratioren wurden kapitalistische Entrepreneurs. Die Wirtschaftsprüfer wurden bald zu offensiven Verkündern einer neuen Welt – sie propagierten das *think big* und die Globalisierung, erfanden Begriffe wie »neue Ökonomie« und wurden nicht müde zu verbreiten, dass diese Zeit anders ist und dass das Internet, auf das sie die Firmen umzulernen versprachen, einen neuen Beginn in der Menschheitsgeschichte darstellt. Sie entwickelten eine neue, luftige, postmoderne Sprache, die ihre Existenz rechtfertigen sollte und die für sie eine Quelle der Selbstmobilisierung wurde. Sie sprachen von *corporate leadership* und *management best practice*, aber auch von *guidelines to select inoperable products* andererseits, also von Richtlinien zur Selektion nicht marktfähiger Produkte. Die propagierten Managementmethoden wurden zum Einsatzmittel in den Kämpfen um Einfluss und Expansion, in denen sie stets mehr über ihre Klienten wussten als diese selbst. Denn die vom *Wall Street Journal* als »digitale Armeen« bezeichneten Wirtschaftsprüfungsgesellschaften unterwarfen die Kunden ihrem Managementregime, machten dadurch deren Daten mit denjenigen anderer Firmen in ihren Computern vergleichbar und erleichterten die Analyse der Unternehmen nach einzelnen Betriebsteilen unter kurzfristigen Ertragsgesichtspunkten. In Bezug auf ihre Größe bilden sie ein klassisches Oligopol, denn alle großen Konzerne sind auf sie angewiesen; kein mittleres oder kleines Buchprüfungsbüro hat die Kapazität, Konzerne wie Coca-Cola,

Exxon, Novartis oder General Electric, Siemens oder DaimlerChrysler zu prüfen. Die oligopolistischen Buchprüfungsfirmen prüfen daher zwar alle großen Konzerne, aber niemand überprüft sie.

Sie bilden tatsächlich, wie das englische Magazin *The Economist* schrieb, das *back office*, das eigentliche Machtzentrum der multinationalen Konzerne. Sie liefern fast alle Dienstleistungen, die sich im Laufe der Arbeitsteilung auf der Eigentümerseite herauskristallisiert haben, und üben damit einen kaum zu überschätzenden Einfluss auf die Geschäftswelt aus: Sie kreieren und unterhalten ein Managementregime, das die Firmenkulturen allenthalben durchdringt. Wie eine Art mobiles Einsatzkommando wird sie von den Firmenführungen bei schwierigen Aufgaben eingesetzt, wie bei Entlassungen oder wenn die Firmenreputation nach Umweltkatastrophen auf dem Spiel steht. Durch ihre Arbeit haben sie jedoch längst so sehr an Macht und an Einfluss auf die Geschäftsführung gewonnen, dass sie selbst zu den entscheidenden Gestaltern der Institution Firma geworden sind, ohne dass die Öffentlichkeit sie direkt verantwortlich machen kann. In Schulungen, Seminaren und Fortbildungen verkünden sie ihr Credo der Transparenz, des Wettbewerbs und der Effizienz, die sich am Interesse des Aktionärs auszurichten haben. Wie für die multinationalen Konzerne sind auch für sie die nationalen Grenzen nur Geschäftshindernisse. Zu ihrer politischen Arbeit gehört deshalb das Lobbying für die Deregulierung der nationalen Märkte. Sie betreiben intensive Öffentlichkeitsarbeit, und ihre Wahlkampfspenden sind für manche Parteien bereits unverzichtbar geworden. Ernst & Young spendete den amerikanischen Parteien im Wahljahr 2000 2,361 Millionen Dollar, davon 42 % an die Demokraten und 57 % an die Republikaner, Deloitte Touche Tohmatsu spendete nur 1,691 Millionen Dollar, dafür aber eindeutiger verteilt mit 29 % an die Demokraten und 71 % an die Republikaner, PwC spendete ebenfalls 1,678 Millionen Dollar, 25 % an die Demokraten und 75 % an die Republikaner, Arthur Andersen 1,210 Millionen Dollar, davon 27 % an die Demokraten und 73% an die Republikaner, und KPMG 1,055 Millionen Dollar, davon 30 % an die Demokraten und 69 % an die Republikaner.

Da sie inzwischen ein weltweites Netzwerk bilden, haben die Buchprüfungs- und Beratungsfirmen wesentlichen Anteil an der Verbreitung standardisierter Unternehmensstile und betriebswirtschaftlicher Modeströmungen und gelten nicht ganz zu Unrecht als die Hohen Priester der Unternehmenskultur. Seit ihrer Mutation zu kapitalistischen Unternehmern suchen sie ihr Heil in der Expansion und den *economies of scale.* Immer größere Firmen entstanden aus den Zusammenschlüssen, immer größere Abteilungen übernahmen immer mehr Beratungsdienste: von der Steuerberatung über Vertragsgestaltung und Vertragsüberwachung sowie der kurz- oder auch längerfristigen Ausleihe von Managern und Rechtsberatung bis hin zu Detektivdiensten und Public-Relation-Aktionen. Im Angebot an ihre Klientel verstecken sich neben Personalberatung, Managerberatung und Beratung der Unternehmensstrategie auch das Angebot einer Beratung für die Gesetzgebung sowie die *reputation assurance*, also die Aufgabe, für die Reputation des Kunden Sorge zu tragen. Damit übernehmen sie auch die Rolle von PR-Agenturen, also die der verdeckten Beeinflussung der Öffentlichkeit durch Bezahlung von Journalisten und des politischen Lobbying, um Mehrheiten jenseits demokratischer Öffentlichkeiten zu befördern, die für ihre Kunden günstig sind, und um gegen Gesetze zu agitieren, die die Geschäfte ihrer Kundschaft behindern könnten.

Den Beratern ist es gelungen, ein neues gesellschaftliches Verständnis ihrer Arbeit zu schaffen, und in vielen Verwaltungen ist inzwischen die Floskel von der Effizienz zur gängigen Münze geworden und hat der Überzeugung den Boden bereitet, dass Buchhaltung nicht nachrangig, sondern konstitutiv für alle institutionellen Beziehungen ist. Die Buchhaltung ist nicht mehr die neutrale Bestandsaufnahme nach den abgeschlossenen Geschäften, sondern dringt über die sich ständig ändernden Verwaltungsvorschriften und EDV-Anlagen in alle Bereiche ein. Sie schafft eine neue soziale Realität. Wie kam diese Verwandlung zustande? Wie konnte es geschehen, dass die betriebswirtschaftliche Brille innerhalb einer einzigen Generation die Wahrnehmung der Menschen entscheidend verändert hat? Die Antwort darauf steht noch aus. Vielleicht ist das große Versprechen der Transparenz in schwierigen Situationen zu verlockend? Die Unternehmensberater und Evaluierer versprechen Effizienzgewinne durch Verbesserung der Informationsflüsse, Hinweise auf Schwächen in der Organisation und auf Schwächen des Personals. Vielleicht sind es diese Idealbilder von Klarheit, Ordnung und sauberer Trennung, die ihre Attraktivität ausmachen? Zwar war ihr Nutzen in der Fachwelt stets höchst umstritten, doch gegen solche Idealbilder ließ sich nicht argumentieren, und erst heute wissen wir, dass die Ideale nicht stimmen.

Ihr Nutzen für die Steuerberatung dagegen ist vermutlich unschätzbar. Als Steuerberater halfen sie wohlhabenden Amerikanern nicht nur, Steuern zu sparen – was erlaubt ist –, sondern auch Geschäfte vor der Steuerbehörde zu verbergen. Das jedoch ist illegal. Bei Firmenverkäufen gelang es ihnen, die tatsächlichen Summen so zu verschleiern, dass der Verkäufer statt 20 Millionen Dollar nur fünf Millionen Dollar an Gewinnsteuern zahlen musste. Ernst & Young strich einen großen Teil des Geldes als Gebühren ein, das eigentlich dem Staat zustand, und einige Anwälte verdienten daran mit. In einem anderen von der *New York Times* veröffentlichten Beispiel sparten Manager durch Verschiebung von Terminen von den eigentlich zu zahlenden 7,7 Millionen Dollar Steuern 5,1 Millionen Dollar ein. Sie zahlten an den Staat 1,4 Millionen Dollar Steuern und an Ernst & Young 1,2 Millionen Dollar Gebühren. Um ihre Geschäfte vor der Steuerbehörde zu verheimlichen, benutzten sie verschiedene Partnergesellschaften und sogar Spendenfonds, die sich als geeignet erwiesen haben, Geldströme zu verschleiern (*New York Times*, 20. 6. 2002).

Die Buchprüfer wurden niemals einer staatlichen Aufsicht unterworfen, sowohl in England als auch in den USA gehören sie zu den selbstregulierten Körperschaften. Die Firmen selbst prüfen sich gegenseitig, sodass sich eine eigene interne Kultur der Abschottung nach außen entwickelt hat, die kaum zu durchbrechen ist. »Die ganze Kultur der Wirtschaftsprüfung ist auf Transparenz und auf der Öffnung der Bücher aufgebaut, aber die Praxis der Buchprüfungsbranche hat die Forderung nach Öffnung ihrer eigenen Bücher abgewehrt und eine regelrechte Burgmentalität entwickelt«, sagte Arthur Levitt, der seinerzeitige Leiter der Börsenaufsicht SEC.

»Wenn ein Flugzeug abgestürzt ist, beginnt sofort eine Untersuchung der Flugaufsichtsbehörde NSTB, und die Fluglinie arbeitet kooperativ mit ihr zusammen. Innerhalb eines Jahres gibt es einen Bericht, in dem die Ursachen angegeben und Empfehlungen ausgesprochen werden, damit ein solches Unglück sich nicht wiederholt«, sagt Lynn E. Turner, eine frühere Mitarbeiterin der SEC. In den etwa 50 Fällen jährlich, in denen eine Buchprüfung nicht anerkannt wird, hat es das Selbstprüfungskomitee des Wirtschaftsprüferverbandes dagegen schon sehr schwer, allein die notwendigen Dokumente zu bekommen. Es muss auf öffentliche Dokumente zurückgreifen und ist auf die Unterlagen angewiesen, die die Buchprüfungsfirmen freiwillig herausrücken. Es verfügt über keine Sanktionsinstrumente, und es ist kein Wunder, dass bis heute nur kleinere Firmen gelegentlich geprüft wurden, aber die großen fünf nicht.

### Der Niedergang der Berater

Zu den lukrativsten Einnahmequellen der großen Buchprüfungsfirmen zählten die Beraterhonorare, die bald die Honorare für Buchprüfungen übertrafen. Stammten 1993 erst 31 % der Einnahmen aus Beratung, so hat eine Studie der Universität Illinois errechnet, dass im Februar des Jahres 2001 für jeden Dollar, der im Revisorengeschäft verdient wurde, 2,69 Dollar aus der Beratung erzielt wurden. So hat die Firma Puget Energy in Bellevue, Washington, an PricewaterhouseCoopers nur 534 000 Dollar für Buchprüfung bezahlt, aber 17 Millionen an Honoraren für Beratung: »Das sind 30 Jahre Buchprüfung für ein Jahr Beratung«, kommentierte der Leiter der Studie, Bailey. Auch die Hotelgruppe Mariott International bezahlte an Andersen eine Million Dollar für Buchprüfung und 30 Millionen Dollar an Beratungshonoraren. Die großen fünf betrachteten ihre ursprüngliche treuhänderische Aufgabe bald nur noch als Türöffner für die lukrativeren Beratungsgeschäfte. Damit aber verloren sie ihre schiedsrichterartige Unabhängigkeit und begannen sich an die Wünsche ihrer Kunden enger anzupassen. Unkooperative Buchprüfungen waren nunmehr unerwünscht. Und die Stimmung an der Börse ließ Abweichungen nicht zu. Gewinnprognosen, die an den Börsen üblich wurden, wurden oftmals bis auf die Kommastelle eingehalten, ohne dass sich jemand fragte, wie die erstaunlich exakten Berechnungen zustande kamen. Allerdings half ihnen dabei, dass sich die Aufgabe der Buchprüfer durch ihre eigenen neuen Modelle stark gewandelt hat. Waren es bis vor nicht allzu langer Zeit Lagerbestände, Maschinen und Konten, die sie zu prüfen hatten, so sind es heute »innovative Kapazität«, »Investorenvertrauen«, »Vertrauen der Kunden in die Firma« und ähnliche Dinge, die kaum adäquat gemessen und dargestellt werden können. Wenn die Unternehmen für ihre Berichte daher bestimmte Zahlen brauchten, waren die Buchprüfer mit ihren neuen Modellen zur Hand. In manchen Unternehmungen hat sich diese Praxis bereits umgekehrt: Die Berater geben vor, welches Gewinnziel in dem Quartal angestrebt wird, und die Analysten und Ratingagenturen vermerken es übel, wenn diese Ziele nicht erreicht werden.

Die fünf Großen spielten hier eine tragende Rolle und unterstützten diesen Wandel, denn er brachte neue Aufträge und Honorare für ihre Beratungstätigkeit. Es schien ihnen unverantwortbar, die allgemeine Stimmung durch kritische Buchprüfung zu durchkreuzen, und ihre Bewertungen der geprüften Unternehmen fielen daher allzu positiv aus.

Die Investoren, die sich bei all den Kaufempfehlungen auch auf die Versicherungen der Buchprüfer stützten, waren die Betrogenen. Lynn E. Turner, heute Professorin für Buchführung an der Colorado State University, glaubt, dass die Investoren in den letzten sechs Jahren durch falsche Gewinnangaben und verlustreiche Marktgänge, die von Buchprüfungsgesellschaften gedeckt und gefördert worden waren, nahezu 200 Milliarden Dollar verloren haben.

Arthur Andersen hat einige Unregelmäßigkeiten durch die Zahlung einer Buße ausgeglichen: Im Falle der Colonial Realty in Hartford, wo Andersen 1993 die Bücher manipuliert hatte und selbst Geld, Reisen und Geschenke von den Managern der Firma angenommen hatte, zahlte Andersen an die betrogenen Investoren 90 Millionen Dollar und an den Staat Connecticut 2,5 Millionen, um Prozesse und öffentliche Aufmerksamkeit zu vermeiden. Im Fall der American Continental Corporation zahlte Andersen 24 Millionen Dollar, im Fall der Baptist Foundation, wo Andersen ebenfalls die Kunden betrogen hatte, wurde die Auszahlung von mehreren Millionen Dollar für die geschädigten Kunden vereinbart, bevor es zu einem Prozess kam.

Seit den achtziger Jahren war Andersen Enrons Bilanzprüfer. Mitte der neunziger erhielt die Firma zusätzlich den Auftrag, die interne Buchhaltung bei Enron zu führen – dieselben Bücher, die die Firma im Anschluss daran als Wirtschaftsprüfer kontrollieren sollte. Das Finanzmanagement bei Enron wurde von früheren Andersen-Partnern geleitet. Im Jahre 2000 erhielt die Firma 25 Millionen Dollar Buchprüfungsgebühren und 27 Millionen Dollar für Beratung. Arthur Levitt, Leiter der Börsenaufsicht SEC, hatte mehrmals vergeblich versucht, die Beratungstätigkeiten der Buchprüfer einzuschränken – gegen die Lobby der Buchprüfer, die den beiden Parteien gegenüber stets großzügig waren, kam sein Vorschlag nicht durch. Als Enron nach seinem Börsensturz rasch auf den Bankrott zuschritt, warf Andersen seine Arbeitspapiere in den Aktenvernichter.

Arthur Andersen wurde am 15. Juni 2002 von einem Gericht in Houston zu einer Strafe von 500 000 Dollar und fünf Jahren Bewährung verurteilt. Die Verurteilung beruhte jedoch nicht auf den Bilanzfälschungen und Manipulationen, die sich die Firma bei der Buchprüfung von Enron hatte zuschulden kommen lassen, sondern auf Behinderung der Justiz durch Zerstörung von Dokumenten. Als die amerikanischen Kommunen und die Regierungen der Staaten in der Folge alle Aufträge für Andersen überprüfen ließen und eine Reihe von Firmen ebenfalls keine Aufträge mehr an Andersen vergaben, gab es keine Möglichkeit des Überlebens mehr – Arthur Andersen löste sich auf. Die europäische Abteilung wurde am 1. September 2002 von einem »weißen Ritter«, von Cap Gemini Ernst & Young, übernommen. Von den »big five« waren nur noch die »final four« übrig, wie die Branche sie nun nannte. Nur noch vier Buchprüfungsfirmen haben den notwendigen großen Mitarbeiterstab, der für die Prüfung großer Konzerne in Anspruch genommen werden kann.

# 7 Kreative Zerstörung: Die Strategen der neuen Arbeitswelt

*»Man war sich hier einig, dass das rücksichtslose Verfolgen egoistischer Interessen ein Zeichen seelischer Gesundheit sei.« (Michael Lewis, Wall Street Poker)*

## Die jugendliche Wall Street

Die Wall Street ist eine kurze Straße im Süden von Manhattan. Am einen Ende liegt ein Fluss, am anderen ein Friedhof. Und in der Mitte, so hieß es in den neunziger Jahren, in der Mitte liegt ein Kindergarten. Tatsächlich konnte man sich des Eindrucks nicht erwehren, dass die Büros in dieser Straße von jungen Männern bevölkert sind, die ihre Pubertät noch nicht ganz hinter sich haben. Als ich Mitte der neunziger Jahre die Wall Street besuchte, war es gerade Mittag, und aus der Börse, der New York Stock Exchange (NYSE), und den angrenzenden Bürotürmen strömten Scharen von jungen Männern mit bleichen Gesichtern in uniform blauem Anzug, weißem Hemd und roter Krawatte. Aus dem Gewimmel der einzelnen Gruppen entstand mit einem Mal eine Bewegung, ein Gedränge in Richtung der Kreuzung Broad Street, begleitet von Rufen und Johlen wie auf einem Schulhof. Von der Eingangstreppe zur Börse aus konnte man erkennen, dass sich die Menge um ein rotes Auto scharte. Offenbar gab es dort etwas, was den Ehrgeiz der Börsianer erregte: Es war das Covergirl des Monats, das von der Laderampe des Autos aus kostenlose Exemplare des neuesten *Playboy*-Hefts verteilte. Die *clerks* im teuren blauen Tuch balgten sich um die Gratisexemplare, und wer die meisten erbeuten konnte, fühlte sich als Gewinner. Sind das, so dachte man unwillkürlich, die Leute, von denen Wohl und Wehe unserer Wirtschaft abhängt? Vielleicht könnte nichts besser das Spiel beschreiben, das ihr ganzes Leben und Denken bestimmt, ihre ständige Suche nach

Gelegenheiten und Finanzschnäppchen, die mit Erfolgsstreben nicht viel gemein hat.

Die auffällige Altersverschiebung an der Wall Street ist die Folge einer neuen Personalstrategie der Brokerhäuser, die in den achtziger Jahren begannen, ganze Klassen frisch gebackener Betriebswirtschaftler der teuersten Hochschulen des Landes zur Ausbildung aufzunehmen. Vor ihren Ständen an den Universitäten standen sich die jungen Betriebswirte schon in den Nachtstunden vor der Öffnung die Beine in den Bauch, um von einer Wall-Street-Firma angenommen zu werden. Dort wurde das meiste Geld im Lande verdient. In einer Firma wie Salomon Brothers, die in der Hierarchie der Wall Street wegen ihrer Hypothekenabteilung eine Zeit lang ganz oben stand, war der Andrang besonders groß. Aber mit rund 3000 Leuten pro Jahr seit Ende der achtziger Jahre hatte der gewaltige Zustrom von neuen jungen Leuten etwas Dramatisches: »Man hatte uns junge Leute eingestellt, damit wir die Marktsituation ausnutzten und dabei schlauer vorgingen als unsere Rivalen«, berichtet der ehemalige Wall-Street-Broker Michael Lewis, aber es »schüttelte die Firma wie einen Körper, dem man eine unzuträgliche Substanz zugeführt hat«.

## Das Gesetz des Dschungels

In der Ausbildung bekamen die Anfänger nicht beigebracht, dass die Wall Street der Ort verantwortungsvollen Umgangs mit den Pensionsersparnissen von Millionen von Arbeitern und Angestellten ist, die den größten Teil der Investitionsgelder bilden, sondern dass die Wall Street »ein Dschungel ist«. Nichts anderes erwarteten die »vorwiegend finanziell interessierten« Absolventen der Business-Schulen denn auch, die nach der Lehre des REM-Modells trainiert wurden. »Der Händlersaal ist also ein Dschungel, und der Typ, für den ihr arbeitet, ist euer Anführer. Ob ihr hier Erfolg habt oder nicht, hängt davon ab, ob ihr die Überlebenstechniken kennt.« Lewis beschrieb in *Wall Street Poker*, wie der Ausbildungsreferent mit diesem Bild die

Herzen und Köpfe selbst der Letzten für sich gewann: Einige Hinterbänkler hörten auf, mit Papierkügelchen auf die Streber in der ersten Reihe zu schießen, andere wachten aus ihrem Halbschlaf auf, und wieder andere hörten auf mit ihren Versuchen, die Referenten mit dümmlichen Schuljungenstreichen ihre Langeweile spüren zu lassen: »Der Klang der Dschungeltrommeln hatte im hinteren Teil des Klassenzimmers offenbar einige Erleuchtung bewirkt: Zum ersten Mal an diesem Tag beugten sich die Jungens in der hinteren Reihe in ihren Stühlen nach vorn. Ooooh, aaaahh. Jetzt hatte der Referent die Klasse unter Kontrolle. Die Jungens, die vorn saßen, waren wie ferngesteuert. Sie waren genauso wie Leute, die sonst in der ersten Reihe sitzen, nur ein bisschen ehrgeiziger. Fast alle hatten ein Diplom der Harvard Business School.« Lewis schildert die Streber, die ungefragt ihre Harvard-Organigramme aufzeichnen, während die Rambo-Verehrer aus den letzten Reihen sich in der Überzeugung einig waren, dass alle Feinheiten der Persönlichkeit und alle Differenzierung des Intellekts im Brokerhaus Salomon überflüssig sind. In dieser Überzeugung spiegelt sich der Mythos wider, dass Salomon Brothers einen Teil des Wall-Street-Dschungels darstellt, in dem Barbaren die besten Chancen haben, sich zu behaupten, das heißt, das meiste Geld zu machen. Die Schule funktionierte so, dass die Händler, denen die Auszubildenden zugeteilt wurden, gar nicht daran dachten, sich um sie zu kümmern. Wenn sie unterwürfig und voller Respekt etwas nachfragten, wurden sie mit einem Wortschwall aus der Fäkalsprache angebrüllt oder ausgelacht. Wie beim Militär machten sich die Händler ihren Jux aus dieser Misshandlung. »Bei Salomon gab es niemanden, der dich beiseite nahm, dir auf den Rücken klopfte und dir versicherte, dass jetzt alles gut werden würde. Ganz im Gegenteil. Die Firmenpolitik schien eher darauf abzuzielen, jedermann zu überzeugen, dass Trainees sich krümmen und Staub fressen müssten.« Die Glücklichen, die nach einem Vorstellungsgespräch bei Salomon schließlich eingestellt worden waren, wurden im Klassenzimmer gegeneinander aufgehetzt: »Kurz gesagt, die Schlimmsten der Schlimmen waren nun dabei, sich gegenseitig auszustechen.« Es war nicht der Dschungel, sondern die Inszenierung eines Dschungels als eine kulturelle Form der Auslese. Vielleicht ist es ein Zeichen für eine gewisse Distanz zwischen der Mentalität der Wall-Street-Population und derjenigen der übrigen Bevölkerung Amerikas, dass nach drei Jahren bereits 75 % der Ausgebildeten Salomon wieder verlassen hatten.

Lewis bringt hier nicht nur seine leise, britisch getönte Verachtung für die amerikanische Oberschicht zum Ausdruck: Das ist kein *gentlemanly capitalism* mehr, der in den alten Tagen der Londoner City herrschte und der mit dem *Big Bang* verschwand, als die britische Finanzbranche nach der Freigabe des Kapitalmarktes unter der Regierung Margaret Thatchers 1985 ausgekauft wurde, das ist die Ausbildung einer Horde von Egomanen, deren hochgezüchteter Ehrgeiz sich als Sportsgeist verkleidet. Wie kann ein so renommiertes Brokerhaus wie Salomon diese geldgierigen jungen Leute verkraften? fragte sich Lewis. Und doch waren es diese mit schwach verbrämten Ideologien erzogenen, ehrgeizig-aggressiven jungen Männer, die täglich mit den Geldern von Millionen anderer Leute ihre Macht- und Renommierspiele trieben. Zweifellos geht es in der Wall Street um Erfolg im Börsenspiel, aber bei der Betrachtung der großen Spiele der vergangenen Dekaden, der Hypothekenblase und der Sparkassenplünderung der achtziger, den feindlichen Übernahmen und der Internetblase der neunziger Jahre, festigt sich der Eindruck, dass das eigentliche Vergnügen der Wall-Street-Banker erst bei der Auslotung der Grenzen des Spiels beginnt, bis hin zu bewusster Regeldurchbrechung. Diejenigen, die neue Grenzen entdecken oder auch über sie hinausschießen und dabei neue Gewinnquellen erschließen, sind die wahren Pioniere und die wahren Helden der Wall Street: Sie werden gefeiert, und ihren kreativen Innovationen huldigt die Wall Street so lange, wie die Erfolge anhalten.

McKinsey wurde 1925 von James O. McKinsey, einem Professor für Buchhaltungslehre der Universität Chicago, gegründet. Er hatte mehrere Lehrbücher zu Buchhaltung und Management verfasst und stellte in seiner neuen Firma Industriemanager von vierzig Jahren als Berater ein. Im Jahr 1950 änderte er die Strategie. Die Firma stellte jetzt frische Absolventen der besten BWL-Schulen des Landes ein, und seit den achtziger Jahren war McKinsey unter diesen jungen Leuten so begehrt, dass die Firma den Studierenden Sommerjobs anbot. McKinsey war bekannt für seine enorm hohen und nicht verhandelbaren Gebühren und für seine Arroganz. In einem Profil in der Zeitung *Forbes* nannte man die McKinsey-Leute die säkulare Version der Jesuiten, begabte Intellektuelle, die die Welt des Geschäfts aufwerteten: McKinsey sei kein Geschäftszweig, sondern eine Berufung, McKinsey arbeite nicht für Klienten, sondern mit ihnen, McKinsey-Berater gehen nicht einem Job nach, sondern einem Engagement. Mit 40 % Marktanteil im Jahre 2001 war McKinsey unter den Großen die mit Abstand größte Personalberatungsfirma. McKinsey hat 84 Niederlassungen in Amerika, Europa und Asien sowie 7700 Berater und holte zuletzt 3,4 Milliarden Dollar Erträge aus seinen Beratungen bei 891 Partnern. Jeder Berater erwirtschaftete also für das Unternehmen über eine halbe Million Dollar.

Personalberatungen bieten nicht nur Personalberatung, sondern auch Personalkonzepte. Sie bestimmen, welches Personal als wertvoll und welches als weniger wertvoll zu gelten hat. Sie brauen in ihren Seminaren nicht nur neue Ideen zusammen, sondern sie verstärken auch bestimmte Sichtweisen, verändern die öffentliche Wahrnehmung durch ihren Einfluss, durch Kampagnen an Universitäten und Fachhochschulen, durch Personalratgeber, psychologische Fachliteratur und die Lehrbücher der Betriebswirte. So wird die Sicht auf bestimmte Persönlichkeitsprofile zugespitzt, die zugleich mit einer gesellschaftlichen Bewertung einhergeht.

Im Jahr 1997 begann die Firma eine Kampagne, die sie den

»Krieg um Talente« nannte. Sie sandte 13 000 Fragebögen an Manager von 120 Firmen in den USA. 27 Firmen wurden herausgesucht, in denen die Berater zusätzlich drei Tage lang die Beschäftigten interviewten, vom Chef bis zum Personalbüro. McKinsey wollte zeigen, wie sich die ökonomisch leistungsfähigsten Firmen von anderen Firmen in der Art der Personalführung unterschieden. Während es sich durch die Berichte, Fragebögen und Interviewprotokolle durcharbeitete, glaubte das McKinsey-Team entdeckt zu haben, womit die Unterschiede zwischen Gewinnern und Verlierern zu tun haben: »Wir sahen uns an, und plötzlich ging uns ein Licht auf«, schrieben die drei Projektleiter Ed Michaels, Helen Handfield-Jones und Beth Axelrod in ihrem Buch (*The War for Talent*, 2001). Die Führer der gewinnträchtigsten Firmen waren offenbar von der Talentfrage geradezu besessen. Sie rekrutierten pausenlos neue Kräfte mit Spitzenleistungen und entließen permanent so viele wie möglich. Sie suchten sich Stars heraus, bevorzugten sie, gaben ihnen überproportionale Gehälter und setzten sie in immer höheren Positionen ein. Die McKinsey-Leute empfahlen daher als neue Personalführungsstrategie, Stars einzukaufen, auch wenn sie keine spezifisch relevante Erfahrung hatten. Denn der Erfolg in der modernen Wirtschaft erfordere das, was sie »die talentorientierte Firma« nannten. Diese Orientierung auf Talente sei das Mittel, Konkurrenten aus dem Feld zu schlagen, und müsse daher auf allen Ebenen der Firma angewendet werden. Im Zeitalter der Information werde Kapital durch Talent ersetzt, und die Betriebe müssten alles tun, um die guten Leute zu halten: Nur diese Strategie gewähre den Unternehmen einen langfristigen Erfolg.

Die Talentorientierung (*talent mind set*) wurde zum neuen Dogma des amerikanischen Managements. In Bestsellern, von *Auf der Suche nach Spitzenleistungen* der McKinsey-Berater Tom Peters und Bob Waterman über *Macht der Triade* des McKinsey-Direktors Kenichi Ohmae und *Kreative Zerstörung* von Richard Foster bis zu *Der Krieg um Talente*, wurde eine Elitenideologie propagiert, die sich ganz auf die Förderung junger Absolventen von teuren amerikanischen Betriebswirtschaftshochschulen konzentrierte. »Stecken Sie Ihr Kapital in diese jungen Talente, langfristigen Erfolg kann eine Firma nur haben, wenn sie die besten jungen Talente an sich bindet!«, war die Devise. Dies geschehe durch einen Prozess, den die Advokaten dieses Kriegs um Talente als »Bestätigung und Differenzierung« beschrieben. Das Bestätigungskonzept fordert: Geben Sie Ihren jungen, talentierten Nachwuchskräften Freiraum, ihre Ellenbogen zu bewegen, und Denkraum, um ihnen Entscheidungen zu überlassen, ohne dass sie dauernd eine Erlaubnis von oben einholen müssen. Unterstützen Sie Innovationen, lösen Sie die traditionellen Unternehmensstrukturen auf. Bestätigung ist notwendig, damit sich die jungen Leute auch geschätzt und anerkannt und für ihre einzigartigen Beiträge auch bewertet fühlen. Bestätigung trägt dazu bei, den Ehrgeiz und die Befriedigung eines Mitarbeiters zu steigern. Die Menschen wollen und brauchen das Gefühl, als produktiver Teil einer Organisation bewertet zu werden. Die Differenzierung hilft beim Herausfiltern der Talente. Die Arbeitgeber müssen sich dazu einmal oder zweimal im Jahr hinsetzen und eine offene und klärende Debatte über jeden einzelnen Beschäftigten führen, in der sie die Angestellten in A-, B- und C-Kategorien einteilen. Diese Klassen werden entsprechend behandelt: Mitarbeiter, die die Klassifizierung A erhalten, müssen herausgefordert und überproportional entlohnt werden. Die Bs müssen ermutigt und bestätigt werden. Die Cs müssen fortgebildet oder aussortiert werden. Mit diesem Selektionskonzept überzeugte McKinsey eine ganze Reihe von Firmen wie General Electric, AOL Time Warner, BMC Software, American Express, Kohlberg, Kravis Roberts & Co, Cox Communications oder Novartis. Betriebswirtschaftsprofessoren aus Kalifornien und Pennsylvania und Personalagenturen wie Heidrick & Struggles oder Werbeagenturen wie Ogilvy & Mathers lobten das Talentstrategiebuch über den grünen Klee, als »brillanten Schlachtenplan«, als den wichtigsten Weckruf für Manager und als ein »must read«-Buch, dessen Titel sofort in die Geschäftssprache eindrang.

Studien, die in den neunziger Jahren im Auftrag großer amerikanischer Wirtschaftsunternehmen durchgeführt wurden, bestätigten, dass berufliches Vorankommen weniger von Fachkompetenz oder Loyalität zur Firma abhing als von »Profil, Schwung, persönlichem Charme und sorgfältig gepflegtem Auftreten«. Dahinter stand eine Neuformulierung der personalpolitischen Normen der Wirtschaftsunternehmen. Die Personalführung in den Unternehmen funktionierte nicht mehr nach den Prinzipien von Leistung und Erfahrung im mehr oder weniger vertrauensvollen Austausch zwischen den Leitungsebenen, sondern nach den neuen Vorlieben für Jugendlichkeit und Aggressivität, die ganz bewusst gegen traditionelle Unternehmenskulturen eingesetzt wurde, die eine klare Abgrenzung der Aufgaben und der Positionen kannte. Das Umkrempeln der Betriebsstrukturen wurde als Förderung von Innovation verstanden und mit einem Bonus für Neuerungen honoriert, noch bevor die Leistungen nachgewiesen waren, die von den Neuerungen ausgehen sollten. Es ist die intellektuelle Rechtfertigung für eine Spekulation, bei der ein hoher Einsatz bezahlt wird für die verschwenderischen Gehälter junger und unerfahrener Mitarbeiter.

## Die Schwächen des Starsystems

In den vergangenen Jahren wurde diese Philosophie von den Lehrern der Managementkultur wie eine Heilslehre gepredigt, aber keiner hat diese Botschaft mit solcher Inbrunst verkündet wie McKinsey und keiner ist damit so augenfällig gescheitert. McKinsey beriet KMart, die zweitgrößte Supermarktkette der USA, seit 1994. In den darauf folgenden Jahren wurde die Marktposition von Kmart zusehends schwächer, und am Ende verlor das Unternehmen völlig den Boden unter den Füßen und musste Insolvenz anmelden. Swissair rieten McKinseys Talente dazu, sich bei kleinen und in Schwierigkeiten befindlichen europäischen Fluggesellschaften einzukaufen. Diese Fusionsstrategie, die zwei Milliarden Dollar kostete, sollte zur Expansion des Geschäfts führen, aber sie führte im Oktober 2001 zum Bankrott der schweizerischen Fluglinie. Auch Gary Winnick, ein Schüler von

Milken, ließ seine Firma von McKinsey-Talenten beraten, bevor sie im Januar 2001 den Bankrott erklärte.

Von allen McKinsey-Klienten nahm sich besonders eine Firma diese Talentorientierung zu Herzen. Es war eine Firma, in der McKinsey 20 einzelne Projekte leitete, in der die Rechnungen für die Personalberatung zehn Millionen Dollar im Jahr überstiegen, in der ein McKinsey-Direktor regelmäßig an Vorstandssitzungen teilnahm und deren Chef, Jeffrey Skilling, selbst ein früherer McKinsey-Partner war. Diese Firma war Enron. 18 Jahre lang hat McKinsey Enron beraten und bei der Etablierung seines hoch riskanten Geschäftsmodells mitgeholfen, seiner Unterkapitalisierungsstrategie und seiner schwindelhaften Schuldenabsicherung.

Als Skilling 1990 die Firmenabteilung Enron-Kapital und -Handel eröffnete, entschied er sich, ständig einen Strom der allerbesten College- und Magisterstudienabsolventen, die er finden konnte, einzustellen, um die Firma mit Talenten auszustatten. In den neunziger Jahren nahm Enron 250 frisch graduierte Magister pro Jahr in die Firma auf. »Bei uns gab es die so genannten Supersamstage«, erinnert sich ein früherer Enron-Manager. »Ich befragte einige der jungen Leute, die frisch von der Harvard Business School kamen. Ich konnte ihnen einfach nicht das Wasser reichen, sie wussten Dinge, von denen ich nie gehört hatte.« Waren sie bei Enron eingestellt, wurden die besten Kräfte überproportional bezahlt und ohne Rücksicht auf Leistung oder Erfahrung gefördert. Enron war ein Starsystem. »Das Einzige, was Enron von seinen Konkurrenten unterscheidet, ist unsere Belegschaft, unsere Talente«, sagte Enron-Direktor Kenneth Lay zu den McKinsey-Leuten, als sie in seinen Büroturm nach Houston kamen. Und ein anderer Enron-Manager sagte zu Richard Foster, einem McKinsey-Direktor, der Enron in seinem Buch »Kreative Zerstörung« feierte. »Wir stellen smarte Leute ein, und wir bezahlen ihnen mehr, als sie selbst glauben, wert zu sein.« Das Management von Enron tat genau das, was die Berater von McKinsey den Firmen empfahlen, um in der modernen Wirtschaft Erfolg zu haben.

Enron war für McKinsey ein Vorzeigeunternehmen. Die Firma

folgte den Ratschlägen buchstabengetreu und richtete interne Evaluierungskomitees ein, deren Mitglieder sich zweimal im Jahr zusammensetzten. Sie bewerteten jeden Beschäftigten ihrer Abteilung in einem Prozess, der *rank and yank* genannt wurde (»fördern und feuern«). Die am höchsten eingestuft wurden, erhielten Zulagen, die zwei Drittel höher lagen als die der nächsten 30 %; Mitarbeiter, die Kategorie B erreichten, wurden herabgestuft, erhielten keine Zulagen und keine Sonderaktienoptionen, und die letzten zehn Prozent von Kategorie C wurden entlassen.

Wie ging diese Bewertung vonstatten? Darüber geben die McKinsey-Leute kaum Auskunft. Wie lassen sich die smartesten Leute erkennen? Ist es einfach nur das beste Abgangszeugnis einer betriebswirtschaftlichen Fakultät? Oder der IQ? Und welchen Zusammenhang gibt es überhaupt zwischen IQ und Arbeitsleistung? Der IQ sagt über die Fähigkeit von Leuten zur Zusammenarbeit am Arbeitsplatz bekanntlich gar nichts aus. Auch die Evaluierung von schulischen Fähigkeiten gibt nur Auskunft darüber, was die Person für sich schulisch leistet, aber sie betrachtet nicht die Fähigkeit zur Zusammenarbeit. Wenn Abschreiben und Zusammenarbeit in Schule und Universität als Betrug gelten, so verhält es sich in der wirklichen Arbeitswelt gerade umgekehrt: Hier erfordert alles, was man tut, die Zusammenarbeit mit anderen. Und in der Zusammenarbeit zählt nicht nur das Urteil des Vorgesetzten, sondern die Bewertung erfolgt durch diejenigen, mit denen man zusammen ein Projekt erarbeitet oder ein Team bildet. Die Bewertung durch Gleichrangige fällt in der Regel jedoch völlig anders aus als die Bewertung durch Vorgesetzte. An Zusammenarbeit war in der frei flottierenden Enron-Welt allerdings auch kaum zu denken, eher wurden die Mitarbeiter gegeneinander ausgespielt. Leute, die man für talentiert hielt, wurden immer wieder gefördert und in neue Positionen gehievt, wo man sie mit neuen Herausforderungen konfrontierte, während die untersten zehn nach einem alten Prinzip zur Aufrechterhaltung der Disziplin im römischen Heer dezimiert wurden: Wenn man eine Legion bestrafen wollte, wurde jeder Zehnte getötet. Die Mobilität innerhalb der Bereiche war immens, die jährliche Beförderungsrate lag bei knapp 20 %.

Die Bewertungskriterien bleiben bei diesem Personalkarussel im Krieg um die Talente somit weitgehend unklar und verworren. Wenn Talent und Innovationskraft die einzigen Bewertungskriterium sind, lässt sich die Leistung nicht mehr messen. Wie soll man jemanden bewerten, wenn man seine Leistung gar nicht ermitteln kann? Wie soll man jemanden bewerten können in einem System, wo niemand wenigstens so lange auf einem Posten bleibt, bis eine Evaluierung überhaupt möglich wird? Die Antwort ist, dass man die Mitarbeiter letztlich gar nicht anhand ihrer Leistung bewertete. Gary Hamel erzählt in einem der vielen Büchern über Enron, die vor dem Fall der Firma veröffentlicht wurden, die Geschichte von Lou Pai, der Enrons Energiehandelsgeschäft einrichtete. Pais Gruppe begann mit einem Desaster: Sie verlor mehrere zehn Millionen Dollar bei dem Versuch, Strom an Energiekunden zu verkaufen, nachdem die Märkte dereguliert waren. Das Problem, so orakelt Hamel, sei gewesen, dass die Märkte gar nicht wirklich dereguliert waren. »Die Staaten, die ihre Märkte dem Wettbewerb öffneten, hatten immer noch Regeln, die den bisherigen Stromfirmen große Vorteile brachten«. Es scheint weder Enron noch Hamel eingefallen zu sein, dass Pai diese Regeln etwas genauer hätte studieren sollen, bevor er Millionen Dollars zu investieren begann. Pai wurde sofort eine neue Wirkungsmöglichkeit gegeben. Er begann ein kommerzielles Energie-Aufkaufgeschäft, wo er ein paar weitere Jahre lang große Verluste einfuhr, bevor er von Enron mit 270 Millionen Dollar ausgezahlt wurde. Pai passte einfach in das Schema »jung, aggressiv und innovativ«. Deshalb übersah man seine verlustreiche Tätigkeit und gab ihm neue Chancen, sein Talent zu realisieren. »Bei Enron hat ein Fehlschlag nicht unbedingt eine Karriere beendet, auch wenn dieser Fehlschlag zur Titelschlagzeile im *Wall Street Journal* geführt hatte«, schrieb Hamel, der das als ein empfehlenswertes Verhalten pries (Hamel 2000). Was also ist Talent wirklich, wenn es als etwas definiert wird, das jenseits dessen existiert, was ein Beschäftigter im Unternehmen leistet?

Das Problem dieser Strategie ist ihr Verständnis der Arbeit von Organisationen: Gute Organisationen funktionieren nicht dadurch, dass man brillante Mitarbeiter einstellt. Zwar kann eine Gruppe keine Gedichte verfassen, wie Gladwell schreibt, und auch die Relativitätstheorie wurde von einem Einzelnen zu Papier gebracht (Gladwell 2002). Aber diese Einzelnen stehen nie allein, sie haben ihr Umfeld, ihre Bezugsgruppen, von denen sie profitieren. Und Firmen arbeiten als Organisationen: Sie produzieren nicht unbedingt etwas Geniales, sie führen etwas Geplantes durch und koordinieren die Bemühungen vieler verschiedener Menschen – die Leistung von Firmen liegt darin, die einzelnen Mitarbeiter zu kooperierenden Gruppen zu organisieren.

## Wetter-Babys und Narzissmus online

Lynda Clemmons, das so genannte »Wetter-Baby«, die Enrons Wetter-Versicherungsgeschäft initiierte, wurde in Magazinen und Illustrierten immer wieder als Paradebeispiel für die unkonventionellen Chancen bei Enron beschrieben. Mit einem Abschluss in Französisch und Geschichte wurde sie 1997 mit 27 Jahren Gas- und Stromhändlerin. Sie kreierte bei Enron eine Wetterversicherung und hatte innerhalb von zwei Jahren Wetterversicherungen in Höhe von einer Milliarde Dollar gegen Strompreisveränderungen in Hitze- und Kälteperioden abgeschlossen. Der Fall Clemmons ging auch als Schulbeispiel in den Unterricht der Harvard Business School ein, und die *New York Times* bildete sie in schwarzen Lederklamotten auf einer Harley Davidson ab. Und Enron propagierte das Geschäft mit Wetterderivaten als aussichtsreichen neuen Markt. Aber während Lynda Clemmons im Betrieb aufstieg, bröckelte der Markt für Wetterderivate rasch wieder – die Phase des PR-Inputs überlebte das Geschäft nicht.

»Man muss alles tun, um das Engagement der Talente zu erhalten und sie zufrieden zu stellen, ja sogar, um sie bei Laune zu halten«, schreiben Michaels, Handfield-Jones und Axelrod. »Sie müssen herausfinden, was sie am liebsten tun, und ihre Karriere und ihre Verantwortung in diese Richtung formen. Lösen Sie all die Probleme, die die Stars dazu bringen könnten, das Haus zu verlassen – sprechen Sie mit einem Chef, der sie frustriert, oder regeln Sie Reiseanforderungen, die sie belasten könnten.« Keine Firma war besser in dieser Hinsicht als Enron. Eine der immer wieder berichteten Geschichten handelt von Louise Kitchin, einer neunundzwanzigjährigen Gashändlerin für Europa, die eines Tages zu der Überzeugung gelangte, dass die Firma ein Onlinehandelsgeschäft entwickeln müsse. Sie erzählte es ihrem Chef und begann in ihrer Freizeit an dem Projekt zu arbeiten. Schließlich hatte sie 250 Leute bei Enron dazu gebracht, ihr dabei zu helfen. Nach sechs Monaten wurde auch Skilling informiert, der Enron-Chef. »Ich wurde nie nach Kapital gefragt«, sagte Skilling später. »Man hat mich auch nicht um Leute gebeten. Sie hatten bereits die Computer gekauft. Sie hatten bereits begonnen, das Gebäude aufzuteilen. Sie hatten juristische Journale in 22 Ländern initiiert zu der Zeit, als ich davon etwas hörte.« Das war, so Skilling weiter, »genau die Art von Mitarbeit, die diese Firma vorantreibt« (Gladwell 2002).

Kitchins Qualifikation zur Führung von Enron-Online war durch nichts ausgewiesen, sie hatte einfach eine innovative Idee und wollte sie verwirklichen, und Enron war eine Firma, in der die Stars taten, was sie wollten. »Fließende Bewegungen sind absolut notwendig in unserer Firma. Und die Art von Leuten, die wir einstellen, verstärken das«, sagte Skilling dem Team von McKinsey. »Dieses System verhilft nicht nur jedem Manager zu einem Anregungsniveau, es formt Enrons Geschäfte auch in der Richtung, in der die Manager es am aufregendsten finden. Wenn viele Mitarbeiter in eine neue Geschäftseinheit wollen, ist das ein Zeichen dafür, dass es sich um ein gutes Geschäft handeln muss. Wenn eine Geschäftseinheit den Leuten nicht attraktiv vorkommt, ist das ein Zeichen dafür, dass Enron sich damit nicht abgeben sollte.« Hier wurde offenbar einiges verkehrt. Sollte man nicht annehmen, dass ein Chef darauf achtet, ob die Kunden ein

Geschäft attraktiv finden? Sollte man nicht davon ausgehen, dass Enron sich nach der Attraktivität seiner Geschäfte für die Kundschaft richtet? Und sollte sich eine Firma in ihren Projekten nicht an dem ausrichten, was die Manager für das profitabelste Geschäft halten? Aber bei Enron standen nicht die Bedürfnisse der Kunden und der Aktionäre im Vordergrund, sondern die kreativen Innovationen ihrer jungen Stars.

McKinsey förderte eine Kultur des Narzissmus: Man habe erkannt, dass es ein Fehler ist, die Interessen des Individuums in einem Gegensatz zu denen der Gruppe im Betrieb zu definieren, hieß es. Damit wurden die Firmen zur Manege für jugendliche Selbstdarsteller. Der narzisstische Typ hat zweifellos Vorteile bei der Personalauswahl, ist er doch fixiert auf den Eindruck, den er auf andere macht. Er ist frei von Skrupeln, weil er stets mit seiner jeweiligen Umgebung zu verschmelzen bestrebt ist, in deren Mittelpunkt er sich sonnen kann. Ihm gelingt daher am selbstverständlichsten jene geforderte perfekte Präsentation des Ichs im Alltags- und Berufsleben. Nicht um eine Befreiung von gesellschaftlichen Zwängen handelt es sich hier, sondern um eine neue Form von Zwang zur Konformität. Narzissten formulieren ihre Urteile gemeinhin mit größerer Selbstsicherheit als andere Leute, und weil sie sie mit solcher Überzeugung vortragen, neigen andere Leute dazu, ihnen zu glauben, wodurch die Narzissten in Gruppensituationen einen überdurchschnittlichen Einfluss erlangen. Auch in Situationen, in denen in Gruppen oder Organisationen Führungslücken auftauchen, schlagen sich die Narzissten aufgrund ihrer Selbstüberzeugung und ihres starken Bedürfnisses nach Anerkennung oft selbst vor, um die Lücke zu füllen. Der amerikanische Soziologe Christopher Lasch wies schon früh darauf hin, dass in dieser Philosophie zwar Autorität diskreditiert werde, aber Herrschaft unangetastet bleibt: Die Autorität wird nicht mehr in einem klar und ausführlich begründeten Kodex von Recht und Sitte artikuliert, und sie erwartet von den jungen Leuten auch keine Verinnerlichung von moralischen Normen mehr. Was sie verlangt, ist Konformität mit den Konkurrenznormen, wie sie durch die ökonomischen Definitionen des menschlichen Verhaltens sanktioniert werden. Lasch hatte den REM-Typus bereits vorausgeahnt.

Nach dem Enron-Skandal war das Renommee der beiden Firmenleiter Jeffrey Skilling und Kenneth Lay zerstört. Arthur Andersen, Enrons Prüfungsgesellschaft, ist in den USA nicht mehr im Geschäft. Die Staatsanwaltschaft interessiert sich jetzt für die Investmentbanker, die bei Enron mitverdient haben. Nur der Enron-Partner McKinsey ist bisher fast ungeschoren davon gekommen. Es gibt keine Hinweise darauf, dass McKinsey Enron bei seinen Tricks mit der Übertragung von Schulden auf Scheinfirmen geholfen hat, die in der Bilanz nicht auftauchten. McKinsey ist also von den Skandalen rein juristisch betrachtet nicht betroffen. Und doch hat McKinsey zu diesen Skandalen gehörig beigetragen, hatte die Beraterfirma doch die Enron-Kultur der aggressiv jugendlichen Innovativitis geschaffen. Enron war die ultimative Talentfirma und ein Musterbetrieb für McKinseys Philosophie der Elitenbildung. Die Gründe für den Kollaps der von McKinsey beratenen Firmen sind vielschichtig. Aber vielleicht ging Enron nicht trotz, sondern wegen seiner Talentorientierung Pleite? Was, wenn smarte junge Leute überschätzt werden? Innovation und Kreativität der Jugend waren die neuen Schlagworte der Personalberater. Die Innovationskraft wurde wie ein zartes Pflänzchen betrachtet, und die Bemühungen um die jungen Leute gehörten zu den vornehmsten Aufgaben der Manager. Das hat sich herumgesprochen bis zu Trendforschern wie Matthias Horx, der Großkonzerne wie Philip Morris, Bayer und Unilever berät. Die Konzepte besagten nicht viel mehr, als dass man die Besten aus den besten Schulen rekrutieren und sie in der Betriebspraxis einfach arbeiten lassen sollte: Smarte junge Leute bringen noch eigene innovative Ideen mit, sie sind noch kreativ, weil sie noch nicht von der Praxis verdorben sind oder eingeschränkt im Denken, so lautete diese romantische Personalphilosophie.

Tatsächlich wurden die Firmen durchgeschüttelt, als man ihren Belegschaften die jugendlichen BWL-Absolventen aufpropfte, sie jedoch nicht integrierte: Statt der Hierarchien gebe es jetzt offene, dynamische Projekte, die miteinander vernetzt seien und eine neue soziale Architektur in den Unternehmen schüfen, betont Horx. Doch in einer Firma, die nach den Ideen der Betriebswirtschaftsprofessoren nur noch als zufälliges Konglomerat aus Einzelverträgen aufgefasst wird und als Dschungelveranstaltung geplant ist, ist keine Architektur mehr zu erkennen. Die Sprache der neuen Betriebswirtschaftslehre kleidet sich in einen antiautoritären Gestus, doch die Hierarchien sind nach wie vor in den unterschiedlichen Vertragsgestaltungen und den Rängen von A, B oder C erkennbar. Die neue soziale Architektur hat Keller und Dachboden nicht vertauscht, sondern nur neue Steuerungsinstrumente durch eine Form der Gruppenbewertung entdeckt, die zu harten Konkurrenzkämpfen der Gruppenmitglieder untereinander führt. Die Konzeptionslosigkeit bei der Integration der jungen Anfänger beruht auf der Philosophie des Darwinismus: Wir brauchen diejenigen, die ihre Ideen in den Projekten durchsetzen können, denn das sind die Besten, lautet die Devise. Die sich nicht durchsetzen, werden gefeuert. Dabei wird verschwiegen, warum die Älteren nicht mehr gefragt sind: Sie haben Ansprüche angesammelt, sie haben Erfahrungen und Skrupel, die sich im neuen Spiel der Grenzüberschreitungen als hinderlich erweisen, ein Spiel, in dem Innovation, Risikobereitschaft und jugendliches Allmachtsgefühl von Skrupellosigkeit nicht mehr unterscheidbar sind.

Der bereits erwähnte Spruch von Ed Mitchell, dem amerikanischen Investmentspezialisten der Deutschen Bank, kursierte in mehreren Variationen und hat seine Blüten getragen. Die Loyalität in den Betrieben bricht immer häufiger zusammen, denn die smarten jungen Leute wissen sehr genau, dass sie mit 40 abgeschrieben sind, und immer öfter holen sie sich auch auf kriminelle Art das, wovon sie glauben, dass es ihnen zusteht. Während die gewöhnliche Kriminalität, wie Raub, Mord und Totschlag, in den USA zurückging, nahm nach Angaben von Joseph T. Wells, einem ehemaligen FBI-Agenten, die Weiße-Kragen-Kriminalität in den vergangenen zehn Jahren merklich zu: Falschbuchungen in betrügerischer Absicht, Bilanzbetrug, betrügerischer Bankrott, Scheckkartenbetrug, Betriebsspionage, Kundenbetrug, Verrat von Handelsgeheimnissen und Diebstahl von Software (*New York Times*, 2. 6. 2002). Wells hat die »Association of Certified Fraud Examiners« (Prüferverband für Dokumentenbetrug) gegründet, die Mitglieder der Regierung, Firmen und Buchprüfungsgesellschaften für das Aufspüren von Betrugsdelikten trainiert. Wells führt diese Zunahme auf die technischen Erleichterungen von Betrug durch das Internet zurück und auf die höhere Ausbildung einer Generation, die Delikte vorzieht, die gewinnträchtiger sind und zugleich geringere Strafen nach sich ziehen. Es ist eine Generation, die bei ihren kriminellen Delikten kein so schlechtes Gewissen mehr entwickelt wie die vorherige Generation, wie W. Steve Albrecht von der Mariott School of Management at Brigham Young University registriert. Michael Chertoff, Leiter der Abteilung Kriminalität im amerikanischen Justizministerium, führt den Anstieg dieser Delikte auf den immensen Druck zurück, unter dem gerade die jungen Mitarbeiter in den am meisten betroffenen Bereichen Telekommunikation, Energie, Finanzen und Software stehen. Die *New York Times* spricht von einer spezifischen Kriminalität der Baby-Boom-Generation, denn es sind gerade die umschwärmten Jahrgänge zwischen 20 und 30, bei denen diese Delikte verstärkt auftraten. Price WaterhouseCoopers hat eine eigene Abteilung für Binnenkriminalität in den Firmen eingerichtet, die mittlerweile die stärksten Zuwachsraten aller Abteilungen verzeichnet.

# 8 Das neue Goldene Zeitalter

## Von der Republik zur Geldaristokratie

Als 1897 im Hotel Waldorf Astoria der Martin-Bradley-Ball gegeben wurde, kamen die Gäste in den Kostümen französischer Höflinge. Die Geldaristokratie fühlte sich offenbar wohl in der Rolle von französischen Grafen und Herzögen, und Bradley selbst spielte Louis XIV. Über jedes Detail wurde von der Hearst-Presse berichtet. Hatte die USA nach 200 Jahren Unabhängigkeit den Weg vom Status einer Republik, die sich mit den Ornamenten der griechischen und römischen Klassik schmückte, zurück zu einer aristokratischen Herrschaftsform beschritten? Das glaubte jedenfalls schon Edgar Allan Poe, als er 1840 über die Dollararistokratie der Vereinigten Staaten schrieb, dass die Zurschaustellung des Wohlstands den Platz der öffentlichen Bekundung der Rangstellung in den Monarchien eingenommen habe. Der Luxuskonsum, der einer bürgerlich-protestantischen Ethik einst als Kennzeichen der verfallenden Moral des vorbürgerlichen Zeitalters gegolten hatte, gehörte im »Goldenen Zeitalter« (*Gilded Age*) selbst zum Kennzeichen der zu Reichtum gekommenen bürgerlichen amerikanischen Oberschicht. Der amerikanische Nationalökonom Thorstein Veblen schrieb ein zum Klassiker gewordenes Buch über den Repräsentationskonsum dieser Oberschicht, und noch in den zwanziger Jahren berichtet Scott Fitzgerald von den »teuersten Orgien in der Geschichte«, die sich die oberen Zehntausend Amerikas mit der Sorglosigkeit von Aristokraten und der Mentalität von Call Girls leisteten.

Das alles war mit der großen Wirtschaftskrise zu Ende. Der *New Deal* brachte eine Demokratisierung der Republik in Bezug auf die Einkommen mit sich, die von den Historikern Claudia Goldin und Robert Margo als »Große Kompression« (*great compression*) bezeichnet wurde (Goldin/Margo 1992). Noch bis in die siebziger Jahre blieben die Einkommen in den USA relativ gleichmäßig verteilt, und ihr Anstieg verteilte sich in der ersten Nachkriegsgeneration gleichmäßig auf die Gesamtbevölkerung.

In den fünfziger Jahren schien Veblens Analyse daher überholt zu sein. Der ostentative Konsum der Reichen, den er beschrieben hatte, der Materialismus der Gatsby-Ära mit ihren rauschhaften Exzessen, großen Autos, teuren Kleidern, prunkenden Festlichkeiten, die in Film und Kunst festgehalten wurden, kurz, alles, womit sie den Stolz auf ihren Reichtum nach außen zeigen konnten, war Vorkriegsgeschichte. Nach dem Zweiten Weltkrieg bot sich die glanzlose Konformität einer Generation dar, die durch die große Kompression und die gleich machende Schule des Militärs gegangen war: Die Unternehmer und ihre Funktionsträger in den Verbänden und in den Vorständen der Firmen waren die »Männer im grauen Flanell«, die der Soziologe David Riesman als neue, außengeleitete Persönlichkeiten beschrieb, Industriefunktionäre und Manager mit stiller Unauffälligkeit.

Dieser neue Typus prägte auch die Architektur. Die neuen Industriebauten, Bankhochhäuser und öffentlichen Gebäude wurden auf das rein Funktionale reduziert, und die Geschäftsviertel, ja selbst die Regierungsstädte, die in dieser Zeit entstanden, spiegeln den Geist der neuen Sachlichkeit wider, die auf Prunk und Ornamente verzichtet. Managementlehrer wie Peter Drucker oder der Soziologe Daniel Bell konnten glauben, dass das Privateigentum an Kapital seine dominante Rolle verloren habe zugunsten von großen Pensionsfonds, deren rein sachliche Verwaltung durch diesen Managertypus nicht mehr als Herrschaftsfunktion betrachtet werden könne.

Doch die Unauffälligkeit der Klasse der Reichen und Mächtigen fand in den achtziger Jahren ihr Ende, als unter Reagan und Thatcher die Neokonservativen dem Reichtum wieder Bewunderung zollten. Die Wiederkehr des Ornaments in der Architektur, die neue Rolle von Geschäftsgebäuden als Repräsentationssymbolen und das erstaunliche Wiederauftauchen des bis dahin verpönten Goldes als Material für Türgriffe und Treppengeländer weisen auf diesen Wandel hin. Reich sein war seit der neokonservativen Wende wieder ein Grund, stolz zu sein – man brauchte und wollte ihn nicht mehr verstecken. Trump ließ sich von Pressefotografen ablichten, während er in aufregenden Extravaganzen schwelgte. Er veränderte jede Fassade an den Gebäuden, die er kaufte, der Trump Tower wurde zum Vorzeigeobjekt der neuen Prunkarchitektur. Multimillionäre und Milliardäre ließen sich wieder als *leisure class* feiern, die Feste der High Society gaben wieder den Stoff für Illustrierte und Magazine. Doch die neuen Reichen pflegten mitnichten die Muße, wie ihre Vorbilder der Jahrhundertwende oder der zwanziger Jahre, bei ihnen waren Geschäft und Leben vor der Kamera engstens miteinander verbunden. Donald Trump, der Baulöwe, hatte bei seinem demonstrativen Konsum seine arabische und japanische Kundschaft im Sinn. Deren Träume vom Reichsein bediente er, wenn er ein 118-Zimmer-Anwesen in Palm Beach kaufte, das sich die Erbin von Post Toasties in den zwanziger Jahren hatte bauen lassen. Auf seiner Luxusyacht suchte er nicht, wie seinerzeit William Astor, für mehrere Wochen von seinem hektischen Geschäftsbetrieb Abstand zu gewinnen, seine Yacht ist vielmehr mit Hubschrauber, Telefon, Faxgerät und Kommunikationszentrum ausgerüstet, um kein einziges Geschäft zu verpassen. Der demonstrative Konsum wird in den Dienst des Immobilienverkaufs gestellt. Auch Malcolm Forbes, in dessen Magazin man die Liste der 400 Reichsten der Welt einsehen kann, besitzt seine Ranch in Colorado, seinen Palast in Marokko, seine Insel im Pazifik und sein Schloss in Frankreich nicht aus eigener Vorliebe für einen Lebensstil (ein solches Sammelsurium von Akkreditiven des Reichtums verriete vielmehr gerade das Fehlen jeden Geschmacks!). Es geht ihm darum, aufzufallen und den Reichen, die er auf sein französisches Schloss zum Ballonfestival einlädt, aus rein geschäftlichen Gründen nahe zu sein. Forbes Yacht besitzt ebenfalls einen Hubschrauber sowie zwei Motorräder, und in jedem Hafen, in dem er anlegt, veranstaltet er exklusive Lunchparties, begleitet von Fotografen und Reportern.

## Der Mogulstil

Neben den Gesellschafts- und Baulöwen, den Modedesignern, Filmstars und Musikstars, deren Exhibitionismus die Klatschspalten der Regenbogenpresse widerspiegeln, entfalteten auch die neuen Manager einen Stil neobarocker Üppigkeit, den die *Herald Tribune* den »Mogulstil« nannte. Der Mogulstil ist nicht auf öffentliche Zurschaustellung aus, denn die Übernahmeprofis, Fondsmanager und optionsgierigen Chefs fürchten Rolexbanditen ebenso wie die Steuerbehörden. Er ist einfach das opulente Verschwenden von Geld mit dem einzigen Zweck, den Neid der anderen Mogule zu erregen. David Kozlowski, Direktor von Tyco International, mietete zum 40. Geburtstag seiner Frau Karen am 14. Juni 2001 ein Grundstück an der Costa Smeralda, auf dem sich eine Loggia mit Meeresblick und ein Golfplatz befanden. Die Kellner trugen römische Togen, für eine Nacht gemietete Feigenbäume schwangen ihre fruchtbehangenen Zweige über die Tische, der Wodka wurde geeist, indem die Kellner ihn durch eine gigantische Reproduktion von Michelangelos David aus Eis hindurchfließen ließen – eine nicht eben dezente Anspielung auf Kozlowskis Vornamen –, ein Elvis-Presley-Interpret sang ein amerikanisches Geburtstagslied, und über dem Meer wurde ein Feuerwerk entzündet. Diese Geburtstagsfeier kostete 2,1 Millionen Dollar, die Hälfte zahlte die Firma. Mit dem Geld der Aktionäre bezahlte Kozlowski auch die 16,8 Millionen Dollar für sein zweistöckiges Appartement in der New Yorker Fifth Avenue Nr. 950, den Duschvorhang, der 6000 Dollar kostete, eine Toiletteneinrichtung zum Preis von 17 100 Dollar, einen Regenschirm für 15 000 Dollar und Leinentücher für 5 960 Dollar.

Der Mogulstil ist nichts anderes als Snobismus, wie Joseph Epstein in seinem Buch *Snobbery: The American Version* schreibt. Er ist flamboyanter und teurer als der Hollywoodstil. Berühmtheiten aus der Film- und Rockmusikszene wollen ihr Publikum beeindrucken, die Manager der neu fusionierten Firmenimperien wollten sich gegenseitig neidisch machen. Dekoration, Essen und Feiern lassen sie von

Spezialagenturen ausrichten, denn es geht um den Kitzel der hohen Summen, ein Kitzel, der verborgen bleibt und nur in der Geste erkennbar wird, mit dem der Mogul sagen kann, für den Duschvorhang habe er sechs Riesen ausgegeben. Polly Onet, eine New Yorker Eventplanerin, kann für eine Hochzeit oder einen Geburtstag in den Kreisen dieser Mogule und Möchtegernmogule ein Budget zwischen 150 000 und drei Millionen Dollar einplanen, die meisten geben eine Million Dollar aus. Man braucht 200 000 Dollar für das Feuerwerk, 200 000 Dollar für das Mieten eines Schlosses in Irland, und dann muss man noch die Kosten eines dreitägigen Golfausflugs einrechnen. Wenn Sie ein Zelt mieten, kann es Sie zwischen 30 000 und 150 000 Dollar kosten, und wenn Sie einen Zeltboden haben wollen, der unterschiedliche Höhen über dem Boden haben soll, kostet es so viel wie ein neues Haus. Die Leute, so weiß die Eventplanerin, wollen zwar gern viel Geld ausgeben, aber sie wollen dabei nicht beobachtet werden und feiern in ihren vier Wänden. New Yorker Designer werden eingeladen, sich zehn Stunden lang mit der Frage eines perfekten Mülleimers für die Wohnung zu beschäftigen, obwohl es einen für 13 Dollar im Kaufhaus gibt. Der Innenarchitekt Todd Klein sagt, seine Kundschaft sei einfach nicht zufrieden mit dem Einkaufen, wenn sie nicht viel Geld ausgegeben habe. Sie suche nicht nach einem eigenen Geschmack, sondern ordere stattdessen die teuersten Dekorateure und Innenarchitekten, Kunstberater und Weinberater.

## Das Ende des Mogulstils

Der Mogulstil konnte sich nur für kurze Zeit entfalten. Vielleicht war es kein Zufall, dass Tyco-Chef Denis Kozlowski über ein nicht versteuertes Kunstwerk stolperte, durch das der New Yorker Staatsanwalt Morgenthau, Sohn von Henry Morgenthau, auf ihn aufmerksam wurde. Kozlowski wurde außerdem wegen Aktienbetrugs in Höhe von 600 Millionen Dollar, Bandenkriminalität, unautorisierter Bonuszahlungen an sich selbst und falscher Kostenbuchungen angeklagt.

Scott Sullivan, der Finanzchef der fallierten Telekomfirma WorldCom, hatte begonnen, sich zum Preis von 15 Millionen Dollar ein Schlösschen in Florida zu bauen. Er wird es vermutlich nie beziehen können. Die Stimmung hat sich gewandelt, und die imperialen Direktoren haben ihre Probleme mit der Justiz. Die Investmentfonds, die sie geschröpft haben, beginnen sich zu wehren. Sie setzen Preise aus für die Entdeckung der persönlichen Reichtümer jener Firmenchefs, die einige der großen Unternehmen Amerikas ruiniert haben. Sie haben die kanadische Rinderfarm von Bernard J. Ebbers, dem früheren Chef von WorldCom ebenso aufgespürt wie die impressionistischen Bilder der Kollektion von Denis Kozlowski. »Wir möchten so viel wie möglich wieder zurückerhalten«, sagt Christopher Waddell, der Anwalt der Pensionskasse der kalifornischen Lehrer, die bei ihrer WorldCom-Investition immerhin 25 Millionen Dollar verloren hat. »Aber wir möchten natürlich auch einen Abschreckungseffekt erreichen.« Auch CalPERS, der größte amerikanische Pensionsfonds, hat sich diesem Aufruf angeschlossen. CalPERS hat allein bei WorldCom 268 Millionen Dollar verloren. »Wir werden ihnen die Bilder, die Yachten und ihre Appartements nehmen«, sagte Jay W. Eisenhofer, Rechtsanwalt von Grant & Eisenhofer in Wilmington, Delaware, der die Pensionsfonds der Lehrer und der öffentlichen Angestellten von Louisiana gegen Tyco vertritt. Die Anwälte können bei der nun einsetzenden Jagd neben ihren 20 % Honorar eine zusätzliche Prämie von zwei Prozent gewinnen. Nicht in allen Staaten allerdings müssen die Betrüger mit Nachforschungen dieser Art rechnen. So haben etwa Florida und Texas – der Heimatstaat von Enron – Gesetze, die den persönlichen Besitz gegen Zugriffe schützen, und gelten deshalb als »Schuldnerparadiese«.

Dieser Reichtum, der in so krassem Gegensatz zu einer zunehmend ungleicher werdenden Welt stand, konnte sich so gut verbergen, dass der moralische Widerstand dagegen schwach ausfiel. Diese Aufsteiger galten nicht als Mitglieder einer neureichen, verschwendungssüchtigen Geldaristokratie, sondern als ein Beispiel für den amerikanischen Traum. Sie zeigten nur, dass sie es geschafft hatten, zu den »wirklich Reichen« zu gehören, zu denen man erst ab einer Viertelmilliarde gehört, wie Lewis Lapham, der Herausgeber von *Harper's Magazine* einmal erläuterte. Amerika ist immer wieder zwischen zwei Träumen hin- und hergerissen: dem Traum der meist religiösen Siedler, die ihr einfaches Leben unabhängig von einem fernen Staat in einer *grassroot*-Demokratie leben wollen, und dem Traum vom schnellen Reichtum, der seit dem Goldrausch 1848 mehr und mehr das Bild Amerikas prägte – ein Traum, den sich jeder durch Kühnheit und ein bisschen Glück verwirklichen könne. Doch die *corporate raiders* wussten am Ende mit ihrem Reichtum nichts anzufangen, und die imperialen Manager konnten sich nicht auf Dauer unter den Reichen etablieren, sondern machten Bankrott oder landeten sogar im Gefängnis. Im Falle der neuen Internetfirmen zeigt ein Blick auf den Nasdaq mit seinen 75% Verlusten, dass fast nur die frühesten Investoren aus dieser neuen Technik einen ökonomischen Gewinn gezogen haben. Die alte Geldaristokratie ist inzwischen wieder mehr oder weniger unter sich, wie Kevin Phillips herausgefunden hat, und mit wenigen Ausnahmen wurden die kurzzeitig Neureichen wieder auf ihre Plätze verwiesen (Phillips 2002).

## Europas Mogule in der Kritik

Von dem kurzzeitigen Boom der neuen europäischen Jungstars im Elektronikgeschäft einmal abgesehen, die den amerikanischen Stil nachmachten und sich gern sonnengebräunt mit einem Surfbrett unter dem Arm ablichten ließen, ist unter den europäischen Wirtschaftseliten eine Zurückhaltung bei der Zurschaustellung ihres Reichtums festzustellen. Diese Verschwiegenheit der Führungskräfte in ihrem Lebenstil spiegelt sich auch in einer allgemeinen Zurückhaltung bei der Zuteilung der Gehälter wider, und die im Folgenden genannten Ausnahmen sind daher nur die Bestätigung dieser Regel. Die Zahlen sind freilich nicht so transparent wie in den angelsächsischen Ländern, wo die Vermögensverhältnisse an den Börsen offen gelegt werden müssen. Insbesondere die Fusionen mit amerikanischen Firmen wurden von einigen deutschen Managern dazu benutzt, die Überdotierung amerikanischer Manager nach Deutschland zu importieren, wie der Würzburger Ökonom Ekkehard Wenger kritisierte (Wenger 1998). Nach Schätzungen des *Forbes Magazine* rangierte Rolf Breuer, der frühere Sprecher der Deutschen Bank, als europäischer Spitzenverdiener im Weltmaßstab. Er lag unter den Bossen der weltgrößten nichtamerikanischen Konzerne mit 12,2 Millionen Dollar auf dem zweiten Platz. Mehr verdiente nur noch der Hongkonger Canning Fok, Vorsitzender des Mischkonzerns Hutchison Whampoa. Der Vorsitzende der UBS Bank, Marc Ospel, ließ sich von seinen Schweizer Direktoren ein Jahresgehalt von 7,4 Millionen Dollar auszahlen, auch der expansionsgierige Chef der Deutschen Telekom, Ron Sommer, kam auf einen Verdienst von 3,8 Millionen Dollar mit einem märchenhaften Vertrag, der von den tatsächlichen Leistungen des Konzerns gänzlich abgekoppelt war. Jürgen Schrempp, der einst davon schwärmte, dass die Öffnung des deutschen Marktes für Übernahmen auch die Gehälter der Vorstände endlich an amerikanisches Niveau anpassen würde, verdiente 3 Millionen Dollar, Heinrich von Pierer 2,8 Millionen Dollar, Henning Schulte Noellen 2,3 Millionen Dollar. Im Gegensatz zu den Gehältern japanischer Manager, die das Achtfache der Gehälter ihrer Angestellten nicht überschreiten und an Anciennitätsprinzip und Status ausgerichtet werden, stehen die Gehälter dieser deutschen Manager in keinem Verhältnis zu irgendwelchen Verdiensten. Sie sind nichts anderes als Ausdruck eines neuen Prestigedenkens, das die neuen *global player* erfasst hat und mehr das Abheben von ihren deutschen Verhältnissen und die geistige Abhängigkeit von amerikanischen Moden zum Ausdruck bringt als die von ihnen stets gern angeführte »Leistung muss sich wieder lohnen«-Philosophie. Diese Umverteilung nach oben stößt denn auch im eigenen Lager auf Ablehnung: Selbst der Präsident des deutschen Arbeitgeberverbandes übte öffentliche Kritik, denn auch für die meisten deutschen Unternehmer sind diese Gehälter nicht mehr nachvollziehbar.

Unternehmen werden juristisch wie Personen behandelt und haben für dieses Privileg, das ihnen beschränkte Haftung gewährt, ihre gesellschaftlichen Verpflichtungen zu übernehmen wie andere Bürger auch. Tragen Unternehmer also soziale Verantwortung? Sind sie durch die Privilegien als Unternehmer auch dem Wohl der Gesellschaft verpflichtet? Oder gibt es eine Arbeitsteilung in der Gesellschaft, die den Unternehmern nur die Aufgabe der egoistischen Mehrung des Gewinns zuweist, während sich der gesellschaftliche Wohlstand durch Adam Smiths unsichtbare Hand wie selbst regelt? Die Frage ist so alt wie die bürgerliche Gesellschaft, und sie wird immer neu und mit immer neuen Begriffen gestellt. Ob Unternehmen bereit sind, ihre Steuern zu bezahlen, Slums zu sanieren, Bildungseinrichtungen zu unterstützen, Umweltschutz anzuerkennen, Bürgerrechte zu stärken oder zumindest anzuerkennen, den Gesundheitsschutz ihrer Arbeiter ernst zu nehmen und Ausbildungsprogramme zu unterstützen: das sind die Fragen, die an die Verantwortung der Unternehmer als Bürger appellieren. Und die Antwort fällt unterschiedlich aus, je nachdem, welche großen Ereignisse sich jeweils in den Leitbildern der politischen Kultur verdichten.

Wenn die Steuermoral ein Maßstab dafür ist, ob sich Unternehmer als Mitbürger betrachten, so werfen die Steuerbilanzen der neunziger Jahre ein schlechtes Licht auf die Manager: Amerikanische und deutsche Unternehmer sind schlechte Mitbürger. Nach der Studie einer Bürgerorganisation zahlen von den 250 großen Aktiengesellschaften 24 keine Steuern, 1997 waren es nur 13; 71 zahlten nur die Hälfte des gesetzlichen Satzes von 35 %, während in dieser Zeit die Gewinne um 23 % angestiegen sind. Mindestens 41 der 250 untersuchten Firmen haben in einem der Jahre im Zeitraum von 1996 bis 1998 keine Steuern bezahlt, während sie 25,8 Milliarden Dollar Gewinne auswiesen, von denen sie eigentlich 9 Milliarden Dollar Steuern hätten abführen müssen. General Electric bezahlte nur 2,1 Milliarden Dollar bei 25,8 Milliarden Dollar Gewinn und kam somit auf einen

Steuersatz von nur 8,1 % statt der gesetzlichen 35 %. GE sparte somit 6,9 Milliarden Dollar Steuern. Die *New York Times*, die von dieser Studie berichtet, hält diese Sonderbehandlung für eine Folge von politischer Protektion (*New York Times*, 20. 10. 2000). Auch in Deutschland ging die Steuermoral der Besserverdienenden zurück. Während die Durchschnittsverdiener mit einem Jahresbruttolohn von 52 000 DM in der ersten Hälfte der neunziger Jahre im Durchschnitt 20,2 % direkte Steuern zahlte, hatten die Einkommensstarken mit einem Verdienst von 400 000 bis 500 000 DM pro Jahr trotz des nominell höheren Steuersatzes die gleiche Belastung, weil sie steuertechnische Verluste in einem viel größeren Ausmaß geltend machen konnten. Das politische System der Abschreibungen und Vergünstigungen machte es auch möglich, dass immer mehr Großunternehmen keine Steuern mehr zahlen, wenn sie eine Firma übernommen haben, die Verluste schrieb, selbst wenn diese Firma im Ausland ansässig ist. Daneben zeigt die Steuerflucht ebenfalls eine Abnahme der Bürgermoral. Allein für die Bundesrepublik rechnet der Internationale Währungsfonds mit einem Steuerausfall von 25 Milliarden Dollar jährlich durch Flucht in Steueroasen. Die gesellschaftliche Verantwortung eines Teils der Wirtschaftsführer scheint derzeit auf einem Tiefpunkt angelangt zu sein.

# 9 Die misslungene Rettung der Finanzmoral durch die Mathematik

## Von der Sorgfalt des besonnenen Mannes

Im Jahr 1830 formulierte der Richter Samuel Putnam in Boston einen berühmten Satz, der lange Zeit zur einzigen Richtschnur für Anleger von fremdem Kapital werden sollte. Putnam hatte den Fall des Nachlasses des John McLean zu behandeln, der ursprünglich 50 000 Dollar betragen hatte, nach dem Tod der Witwe aber, als das Erbe an das Harvard College und das Massachusetts General Hospital ging, nur noch 29 450 Dollar wert war. Die Klage des College und des Krankenhauses gegen die Verwalter beschied Putnam mit dem berühmt gewordenen Spruch, dass ein Treuhänder nicht für einen Kapitalverlust verantwortlich gemacht werden kann, da jede Kapitalanlage einem Risiko unterliegt. Solange dem Treuhänder kein absichtliches Pflichtversäumnis nachzuweisen sei, er die Mittel nicht mit dem Blick auf Spekulation, sondern auf eine dauerhafte Anlage investiert habe und sich bei der Verwaltung des Kapitals ehrlich, umsichtig und sorgsam verhalten habe, eben so, wie sich besonnene, vorsichtige und kluge Männer auch in ihren eigenen Angelegenheiten verhalten, solange könne ihm kein Vorwurf gemacht werden. Denn sonst würde niemand überhaupt eine solch heikle Verantwortung übernehmen. Diese Regel der »klugen und vorsichtigen« Anlagepolitik galt seither für Vermögensverwalter, Versicherungen und Banken und wurde zum Rechtsgrundsatz in Streitigkeiten.

## Spekulation und Moral

Terminhandel ist im Zusammenhang mit den langfristigen Horizonten der Entdeckungsreisen und des Warenhandels mit den kolonialisierten Ländern entstanden. Die Amsterdamer Börse lebte hauptsächlich von den Geschäften der Niederländischen Ostindienkompagnie (VOC) und war der Markt für Aktien der königlichen VOC. Hier entwickelten sich raffinierte Techniken des Handels, darunter die Optionen, mit denen man Aktien ab einem bestimmten Datum zu einem festgelegten Preis kaufen oder verkaufen konnte, die so genannten Terminkäufe und Fixgeschäfte. Diese Handelstechniken hatten ihren Sinn bei der Finanzierung von Seefahrtunternehmungen ebenso wie in der Landwirtschaft. Seeleute und Bauern verkauften ihre Waren oder ihr Getreide für einen festen Preis vor der Ernte oder vor der Rückkehr von der Fahrt, weil sie sich mögliche Verluste durch einen unerwarteten Rückgang der Preise nicht leisten konnten.

Als aus den Aktien für eine bestimmte Unternehmung feste Aktiengesellschaften geworden waren, konnte man auch Optionen auf Aktien einer Gesellschaft erwerben, so auch im Fall der Niederländischen Ostindienkompanie. Daraus entwickelte sich der »Windhandel«, Optionen auf Aktien der VOC zu einem bestimmten Preis an einem bestimmten Termin. Optionen kosten nur eine Gebühr und müssen nicht realisiert werden. Das kann dazu führen, dass die Börsenhändler eher an einem Sinken der Aktienkurse unter das Optionspreisniveau interessiert sind. Sind die Preise der Aktien gestiegen, bleiben sie auf den Kosten der Differenz zwischen dem fixierten Optionspreis und dem tatsächlichen Marktpreis der Aktie zum Zeitpunkt der Einlösung sitzen. Das führt dazu, dass Optionen nicht nur Investitionszwecken dienen, sondern auch dem Börsenspiel – eine Unterscheidung zwischen beiden ist kaum möglich. Neben dem Handel mit den eigentlichen Aktien entstand nun eine Spekulation mit Optionen auf den zukünftigen Wert von Aktien, die einen eigenen Markt bildeten und den Börsen eine zweite Einnahmequelle brachte. Die VOC versuchte diesen Derivathandel zu verbieten, mit dem Argument, er bedrohe ihre Aktienkurse: Wurden die Aussichten der Gesellschaft auf Gewinne zu einem bestimmten Datum niedrig bewertet, dann sank der Kurs ihrer Aktien bereits vor diesem Datum – das war die ungünstige Rückwirkung dieses Handels mit Optionen.

In den USA sind Terminkäufe erstmals während des Sezessionskriegs bedeutsam geworden. Die Generäle beider Lager benötigten für ihre Armeen Getreide in großen Mengen. Die Handelskommission der amerikanischen Regierung begann daher Verhandlungen mit der Chicagoer Getreidebörse, um ein übermäßiges Steigen der Getreidepreise bei so konzentrierter Nachfrage zu verhindern. Die Mitglieder des 1848 gegründeten CBOT (Chicago Board of Trade) sahen es als ihre vaterländische Pflicht an, diese nationale Notlage nicht zu ihren Gunsten auszunutzen, und rieten der Bundesregierung zu einem Terminhandel, mit dem die Preise vorzeitig fixiert werden konnten. Damit konnten die Quartiermeister der Heere ihre Einsätze finanziell planen: Wenn sie im Mai Septemberweizen zu einem festen Preis orderten, blieben sie in jedem Fall von einem Preisanstieg verschont. Die Preisdifferenz, die entstand, wenn der Preis im September unter dem fixierten Preis liegen sollte, nahmen sie in Kauf. Die Farmer hatten ebenfalls Interesse an einem festen Preis, da sie im Mai noch nicht erkennen konnten, ob die Ernte gut oder schlecht ausfallen würde. Um gegen Verluste abgesichert zu sein, war ihnen ein fester Preis wichtiger als die Aussicht auf mögliche Gewinne.

Das Risiko blieb also bei den Managern dieses Terminhandels: Sie schlossen die Kontrakte im Mai ab und lieferten erst im September. Im Unterschied zu Optionen sind diese Terminhandel *futures*, die in jedem Fall eingelöst werden. Gab es eine gute Ernte und die Preise fielen, dann hatten sie die Differenz gewonnen, die zwischen dem vereinbarten Preis der Kontrakte mit den Farmern und dem Militär und dem Marktpreis lag. Gab es allerdings eine schlechte Ernte, dann waren sie ruiniert, wenn sie nicht mit eigenen Getreidespeichern vorgesorgt hatten oder sich mit weiteren Kontrakten mit ausländischen Getreidelieferanten abgesichert hatten. Denn ein Händler, der nicht liefern konnte, verlor seine kaufmännische Reputation und wurde vom Börsenhandel ausgeschlossen. Berühmt wurde der Getreidespekulant Benjamin Hutchinson, der an der Börse so viele *futures* mit dem Militär zusammenkaufte, wie er bekommen konnte – ohne einen Getreidespeicher zu besitzen. Hutchinson hatte Glück: Nach dem Sieg von Gettysburg fielen die Getreidepreise, und Hutchinson war ein gemachter Mann. Als der Krieg im Mai 1865 zu Ende war, besuchten General Sherman und General Grant die Getreidebörse und bedankten sich bei den Händlern für ihren Patriotismus.

Um die Börse von dem moralischen Verdikt der gefährlichen Spekulation zu befreien und die Produktivität der Finanzbranche zu beweisen, verwies man gegen Ende des 19. Jahrhunderts nachdrücklich darauf, dass Derivathandel und Spekulation sich unterschieden, weil Spekulation blind sei, Derivathandel dagegen auf intellektueller Arbeit beruhe. Der Banker John Moody betonte, dass es einen Unterschied mache, ob man seinen Handel auf gut Glück betreibe oder ob man auf Informationen und Analysen baue, die ein Urteil begründeten und absicherten. Aber wie sah diese wissenschaftliche Begründung aus? Der englische Ökonom Stanley Jevons, auf den sich heute die Hauptströmung der Ökonomie beruft, stellte einen Zusammenhang zwischen Sonnenflecken und Börsenzyklen her. Damit meinte er erklären zu können, warum die USA und England zeitgleich verlaufende Handelszyklen aufwiesen. John Dow, Gründer des *Wall Street Journal*, griff auf dieses wissenschaftliche Instrument zurück, als er im Anschluss an eine Studie der Finanzzyklen seine allgemeinen Standards der Preismessung formulierte, die er nicht an historische Ereignisse band, sondern an die Jevonssche Theorie der Sonnenflecken. Dows Preismessungsindex bestand aus zwölf Industrieaktien, die an der New Yorker Aktienbörse notiert waren, und bildet den Ursprung des heutigen Dow Jones Index. Auf Dows und Jevons Arbeiten basierten in der Folge die Studien über Finanzmärkte. In der Sprache der Naturwissenschaften verfasst, suchten sie Marktbewegungen und Marktwerte völlig unabhängig von historischen und politischen Ereignissen nach Gesetzmäßigkeiten physikalischer Herkunft zu bestimmen.

Im Juni des Jahres 1952 gelang es dem Doktoranden Harry Markowitz aus Chicago, im *Journal of Finance* einen Artikel unterzubringen, der sich dem alten Thema der Anlagenspekulation auf einer neuen Ebene zu nähern versuchte. Markowitz glaubte einen neuen

Schlüssel gefunden zu haben, wie sich Risiken kalkulieren ließen: Es sei einer rationalen Wissenschaft nicht würdig, sich auf eine so vage Basis wie den Instinkt der Vorsicht zu verlassen, wenn es um die Abschätzung eines Investitionsrisikos gehe. Markowitz, der vom linearen Programmieren herkam, meinte, in der Wahrscheinlichkeitsrechnung eine rationale Methode der Risikobewertung entdeckt zu haben, die die immer wieder propagierten vorrationalen Methoden der verschiedensten Börsenpropheten ablösen sollte. Markowitz wurde zum Begründer der Portfoliotheorie, die ein effizientes Verfahren versprach, wie man sein Kapital mit größtmöglichem Gewinn und geringstmöglichem Verlust anlegen könne. In seinem 1958 erschienenen Buch *Portfolio Selection. Efficient Diversification of Investment* baute er seine Thesen zur »Portfolio Selection« aus und beschrieb die geschickte Aufteilung von Kapitalien auf unterschiedliche Geldanlagen als eine berechenbare Strategie zur »Optimierung« des Portfolios. Zusammen mit seinem ehemaligen Studenten William Sharpe entwickelte Markowitz die Optimierungsstrategie fort und baute sie aus zu jenem »Capital Asset Pricing Model«, für das die beiden 1990 den Nobelpreis für Wirtschaftswissenschaften erhielten. Während sich jedoch Anleger wie der berühmte Warren Buffett ungern von ihren Aktien trennen und somit den Erklärungen von William Stanley Jevons und Daniel Bernoulli folgten, dass Reichtum die Risikofreude mindere, stellten Sharpe und Markowitz kühn den Spruch auf, dass Reichtum die Risikoneigung stärke, wenn die Reichen sähen, dass es rationale Strategien gäbe, um den Reichtum zu mehren.

Ihr CAPM-Modell (*Capital Asset Price Model*) konnte sich erst in den siebziger Jahren im Zusammenhang mit der zunehmenden Verbreitung immer besserer EDV-Anlagen durchsetzen. Es führte nicht nur zur Mathematisierung der Finanzökonomie und zu einer neuen Sprache, sondern auch zu großen Börsenbewegungen. Es begann sich einzubürgern, Investmentstrategen zu Rate zu ziehen, die ihre Dienste als Berater und Risikoanalysten anboten, was zu einer neuen Arbeitsteilung auf der Kapitalseite führte. Während konservative private Fonds wie Hathawy Berkshire auf diese Beratung verzichten konnten, weil sie sich die Ausdauer leisteten, ihre Aktien ruhen zu lassen, wurde es für die Pensionsfonds immer schwerer, die Beratung abzulehnen. Pensionsfonds sind beruflich organisierte private Rentenkassen, deren Aufsichtsräte meist aus Vertretern des jeweiligen Berufsstandes bestehen. Da sie meist über keine ausreichenden Bankerfahrungen verfügen, suchen sie nicht nur selbst fachliche Beratung, sie wurden mit dem Vordringen der Beratungskultur auch zur Beratung gezwungen, nachdem die Anwälte von Beratungsagenturen begannen, die Manager selbstverwalteter Fonds auf entgangene Gewinnsteigerung wegen unterlassener Beratung zu verklagen. Einmal mehr wurde der *shareholder value* zum höchsten Wert erklärt, der sich auch vor Gericht vertreten ließ. Bald brauchte man die Gutachten von Beratern schon zur Absicherung gegen Schadensersatzklagen, und die Analysten und Investmentberater erlangten an der Börse eine starke Stellung. Worauf beriefen sie sich? Sie mussten eine Reihe von neuen Kriterien berücksichtigen, darunter auch den »effizienten« Portfoliomix, der die günstigste Risikostreuung versprach. Die neuen Strategien beruhten auf der Extrapolation von Trends, die aus Daten und Statistiken über bisherige Verläufe gewonnen wurden. Die alte Putnam-Regel reichte nicht mehr aus, die Investition wurde professionalisiert und die Regeln des Investierens wurden von Risikoanalysten definiert.

## Wer zähmt Lady Credit?

Die englische Politikwissenschaftlerin Marieke de Goede hat auf eines der heimlichen Motive dieser Risikoanalysten hingewiesen und an die Figur erinnert, die Daniel Defoe für das Bankvertrauen prägte: Es geht darum, die unbändige Lady Credit zu zähmen. Das ist es, was sich die Ökonomen schon immer vorgenommen haben. Wie kann man die wilden Spekulationswellen verstehen, die die Nationen immer wieder ergriffen haben, die trügerischen Anreize, die die Investoren im Angesicht von Lady Credit zu »Verrücktheiten« verleitet und blind gemacht haben für die einfachen Wahrheiten der Ökonomie? Es sind immer wieder mysteriöse »optische Illusionen« und Verwirrtheiten, die von den Ökonomen als Krisenursachen angeführt werden. Mit immer neuen einschlägigen Formeln haben sie versucht, dieser Dame Herr zu werden.

Der Finanzdiskurs ist bisher noch zu wenig durchforscht, und in der Geldtheorie tobt ein Kampf um Interpretationen auf den unterschiedlichsten Niveaus, mit konkurrierender Terminologie und weit auseinander liegenden Standpunkten. Die Transformation von Produkten in Zahlen und Geldströme ist nur in der ökonomischen Theorie ein rationaler Vorgang, in der Wirklichkeit sind damit emotional tief verankerte soziale Konstrukte wie Kapital, Arbeitsformen, Eigentum und gesellschaftliche Lebensweisen verbunden. Das reibungslose Funktionieren dieser Transformationen setzt nicht nur die inter-individuelle Planung von langfristigen Handlungsketten voraus, sondern zugleich bestimmte politische und kulturelle Sicherheiten, die nur in wenigen Ländern der Erde gegeben sind. Sie gehören als solche unmittelbar zu den ökonomischen Transformationen dazu, ohne dass dies von den Finanzökonomen wahrgenommen oder formuliert würde: Für sie ist die Welt gewissermaßen zweidimensional, denn sie haben sich von den historischen und sozialen Wirklichkeiten entfernt und stattdessen eine mathematische Welt inszeniert, deren einzige soziale Grundannahme darin besteht, dass sich über längere oder kürzere Frist auf den Märkten ein Gleichgewicht einstellt. Das bildet den Achsenpunkt ihrer Berechnungen, die ohne einen solchen Maßstab sinnlos wären.

In ihrer Studie über den Hegde Fonds LTCM weist Marieke de Goede darauf hin, dass auch hier die Betonung des wissenschaftlichen Charakters nur aus der Notwendigkeit der moralischen Legitimation zu verstehen ist: Spekulation konnte mit Intelligenz und Produktivität assoziiert werden, wenn man sie wissenschaftlich legitimierte und von Spielen deutlich unterschied. Im Unterschied zu den niederländischen VOC-Aktionären, die zugaben, dass Kursschwankungen auch auf den

Hoffnungen und Ängsten der Spekulierer beruhen, suchten diese Ökonomen ihre Erklärungen nur in Gründen, die außerhalb des Finanzsystems lagen. John Meriwether, ehemaliger Broker von Salomon Brothers und Mitgründer des LTCM, brachte mit Vorliebe Physiker und Mathematiker an die Wall Street, weil er an die Messbarkeit von Risiken glaubte: Märkte verhalten sich nach einer bestimmten Logik und tendieren stets zu einem Gleichgewicht, das war die Basisannahme, mit der der Fonds arbeiten sollte. Damit veränderte sich auch das klassische Image des Wall-Street-Händlers, des Mannes im Börsensaal, der bei seinen Käufen und Verkäufen immer wieder in lautes Schreien verfiel und mit Stapeln von Börsenorders in der Luft herumwedelte. Die Marktanalysen dieses Händlertyps beruhten auf einem Gefühl für Gelegenheiten, einer guten Spürnase und einer raschen Auffassungsgabe. Dieser Typus ist nahezu verschwunden und dem Händler gewichen, der vor seinem Rechner sitzt und auf die Tasten einschlägt, während er mehrere Telefone gleichzeitig bedient. Der Arbeitsplatz des Händlers hat seinen Charme verloren, aber auch seine Methoden haben sich geändert – statt seines Erfahrungsschatzes benutzt er Statistiken.

Mit immer neuen mathematischen Versuchen, den Portfolioansatz zu verfeinern, war besonders die auf Markowitz folgende Generation von Finanzökonomen beschäftigt, die den Computer zu ihrem hauptsächlichen Handwerkszeug machte. Paul Samuelson, der große alte Mann der amerikanischen Ökonomie, war bei seinen Studien auf eine Schrift von Louis Bachelier gestoßen, die 1900 als Doktorarbeit mit dem Titel *Die Theorie der Spekulation* verfasst worden war (vgl. Bernholz 1992:19-20). Bachelier, ein Schüler des bedeutenden französischen Mathematikers Poincaré, entwarf in dieser 70-seitigen Schrift eine mathematische Theorie des Marktes, indem er die Preisbewegungen der Aktien mit der Bewegung von Staubpartikeln verglich, die durch Tausende von Stößen kleinster Moleküle zustande kommt. Aktienpreise wurden als Bewegungen nach der Art von Schüttgut aufgefasst, das jene berühmte Glockenform einer Normalverteilung erhält, wenn alle einzelnen Teile der Masse statistisch gleich groß sind und dasselbe Gewicht besitzen. Bachelier selbst konnte sich an seiner Schrift nicht erfreuen, denn als sein Mentor sie zu Gesicht bekam, wandte er sich brüsk von ihm ab – wie konnte sich ein Physiker nur an einem solchen Thema vergreifen?! Die Ökonomen mussten ihn daher erst wieder entdecken. Um die mathematischen Inhalte dieser Schrift zu verifizieren, benötigte Samuelson einen Spezialisten und stieß auf Robert C. Merton, den Sohn des Soziologen Robert K. Merton (Schöpfer der Denkfigur der *self fulfilling-prophecy*). Robert C Merton hatte sich schon früh in der Mathematik hervorgetan und arbeitete nun an einer eigenen Portfoliotheorie, in der er aufgrund des Hinweises von Samuelson auf die Theorie der Spekulation von Bachelier zurückgriff.

Robert C. Merton lernte in den siebziger Jahren Myron Scholes und Fischer Black kennen, die nach einem Weg suchten, den Einfluss von Marktsituationen auf den Preis von Wertpapieren zu berechnen. Fischer Black war Physiker und Mathematiker, der für die Managementberatung Arthur D. Little arbeitete und in einem Workshop des MIT (Massachussetts Institute for Technology) Myron Scholes kennen lernte. Scholes war von seinem Mentor nach Chicago empfohlen worden und erhielt unter den radikalen Freimarktökonomen Friedman und Stigler seine Ausbildung, bevor er an das MIT kam. Sie entdeckten bald, dass sie beide sich für die Frage der Entkopplung von Risiko und Ertrag interessierten und beide mit der gleichen Methode ohne Erfolg das Problem zu lösen versucht hatten. Merton konnte ihnen zeigen, dass sie auf dem richtigen Weg gewesen waren, und zusammen erarbeiteten sie dann das Modell, nach dem die Investmentbanken im Wesentlichen noch heute Risiken berechnen. Sie gingen von einem »effizienten Markt« aus, in dem alle zu jedem Zeitpunkt über vollständige Informationen verfügen und der Preis der Wertpapiere deshalb zu jedem Zeitpunkt im Gleichgewicht sein muss. Auf diesem Gedanken aufbauend, entwickelten sie 1973 ihre Formel über die Preisbildung von Optionen. Merton wandte sich explizit von der »unwissenschaftlichen« Vorstellung ab, dass institutionelle und gesetzliche Faktoren etwas mit den Preisen zu tun haben könnten: Die bisherige Finanztheorie erklärte er zu einer Disziplin, die ihre deskriptive Phase noch nicht hinter sich gelassen habe und nicht viel mehr geliefert habe als eine Sammlung von Anekdoten, vermischt mit Daten aus der Geschichte der Buchhaltung. Als Scholes zusammen mit Merton 1997 den Nobelpreis für Ökonomie erhielt, lobte der *Economist* die Preisträger: Sie hätten aus einem Ratespiel eine Wissenschaft gemacht. Mertons Innovation war die dynamische Hegung von Portfoliorisiken.

Hedge Fonds sind Investmentfonds für reiche Personen und Institutionen wie Banken oder auch Pensionsfonds, die mit Derivaten handeln, also Optionen, Futures und ähnlichen Verträgen. Die Zahl der Teilnehmer ist begrenzt, und in der Theorie können nur Personen und Institutionen daran teilnehmen, die sich das Risiko des Scheiterns leisten können, denn die Hegde Fonds werden von keiner staatlichen Aufsicht kontrolliert. Long Term Capital Management startete 1994 mit drei Milliarden Dollar Kapital, ausgestattet mit Computern im Werte von 20 Millionen Dollar. Ihre Händler suchten über den Bildschirm auf aller Welt die Marktverläufe zu studieren, um die Risiken und Einsatzmöglichkeiten für die ihnen anvertrauten Kapitalien abzuschätzen – Abweichungen von der Normalverteilung nahmen sie als ein Zeichen dafür, dass es sich hier lohne, Optionen in Erwartung der Normalisierung zu kaufen. Sie schoben Papierwerte von einem Aktienmarkt zum anderen, immer auf der Suche nach Gelegenheiten. Da Arbitrage ein altes Geschäft ist und längst überall ausgeübt wird, liegen die Gewinnmargen nicht sehr weit auseinander: Nur noch für große Geldmengen lohnt sich eine Verlagerung von Investitionen bei einem Gewinnunterschied von kleinsten Prozentanteilen.

Die Tatsache, dass ein ehemaliger Vizepräsident der amerikanischen Notenbank, David W. Mullins, unter den Gründern war, sowie die wissenschaftliche Reputation von Scholes und Merton brachten dem Fonds eine große Gemeinde von Anlegern ein – die Fondsanteile waren gesucht, und der Fonds wuchs, obwohl die Gebühren (zwei Prozent Jahresgebühr) und die Profitbeteiligungen der Fondsmanager höher lagen als bei anderen Hedge Fonds, nämlich bei 25 %. Die größte Summe steuerte die Finanzbranche selbst bei, und die Fondsanlegerliste wies die bedeutendsten Namen dieser Branche auf. Viele hatten selbst bei Scholes oder Merton studiert und fühlten sich geehrt, wenn sie eingeladen wurden, bei ihm Fondsanteile zu kaufen. Wall Street nutzte die Reputation der LTCM-Gründer – jeglicher moralische Zweifel konnte durch ihr wissenschaftliches Renommee entkräftet werden. Der Begriff Kredit zeigte sich hier wieder in seiner ursprünglichen Form: Soziale Reputation schafft Vertrauen in diejenigen, denen man Geld leiht.

Merton war von seiner Strategie so felsenfest überzeugt, dass er dem Gedanken, dass Investoren keine rational kalkulierenden Automaten sein könnten, nur milde Verachtung zollte. Als der amerikanische Ökonom Robert J. Shiller vorsichtig auf die Volatilität, also die Flüchtigkeit und Unberechenbarkeit der Finanzmärkte hinwies, antwortete er mit dem denkwürdigen Satz: »Wenn Shillers Behauptung von der Ineffizienz der Märkte stimmen würde, wäre die ganze moderne Finanzökonomie in Zweifel gezogen.« Das Wort »Spekulation« setzte er stets in Anführungszeichen, um keinerlei moralischen Verdacht aufkommen zu lassen, der an diesem Wort klebt. Die erfahreneren Händler der Wall Street freilich waren sich nicht so sicher. »Wir wissen, dass das nicht so einfach läuft«, sagte Robert Stavis, der frühere Leiter der Gruppe Arbitrage bei Salomon, aber »das ist das beste Modell, das wir haben«. Für sie war es ein neues Spiel, diesmal nicht von ihnen selbst, sondern von einem Universitätsökonomen mit höchster Reputation ersonnen und deshalb moralisch abgesichert. Wenn John Meriwether den Investoren schrieb, dann vergaß er nie, den besonderen Elitecharakter des Fonds zu betonen – der Fonds verfügte über zweisprachige Mitarbeiter, darunter viele Doktoren, und die raffiniertesten Finanztechiken, die Wall Street zu bieten hatte.

Im Jahr 1995 machte der Fonds 59 % Gewinn auf das eingesetzte Kapital, die Hälfte davon in Europa. Von den insgesamt 1,6 Milliarden Dollar Gewinn kamen etwa 600 Millionen Dollar aus Italien. Der Gewinn bezogen auf das tatsächlich eingesetzte Kapital freilich lag auf einem ganz anderen Niveau, nämlich bei 2,45 %, wie der LTCM-Händler Eric Rosenfeld dem Autor Roger Lowenstein mitteilte (»When Genius failed«). Wenn man zusätzlich die Derivatgeschäfte des Fonds einbezieht, die nicht in der Bilanz auftauchten, waren es nur noch weniger als ein Prozent. Die ganze Macht lag also in der Hebelkonstruktion des Fonds, aber darin lag auch das entscheidende Risiko. Nach drei Jahren hoher Profite begann der Abstieg. Als Russland im August 1998 ankündigte, es könne seine Schulden nicht mehr bezahlen, häuften sich plötzlich die Verluste. Ein Jahr nach dem Erhalt des Nobelpreises mussten die LTCM-Mitgründer bei der amerikanischen Zentralbank um Unterstützung nachsuchen. LTCM hatte ein Kartenhaus von Derivaten und Optionen auf Krediten aufgebaut, und als eine Karte herausgezogen wurde, fiel das ganze Gebilde nach und nach in sich zusammen. LTCM verlor an einem einzigen Tag 550 Millionen Dollar. Im September hatte LTCM so viel Reserven aufgebraucht, dass der Fonds die Mindestforderungen nicht mehr erfüllen konnte. Schließlich verlor er über 90 % des investierten Kapitals, etwa fünf Milliarden Dollar waren verbrannt. Der Bankrott von LTCM hätte das Weltfinanzsystem zweifellos schwer beschädigt und damit auch die amerikanische Wirtschaft in eine tiefe Rezession gezogen. Obwohl er als Hegde Fonds nicht unter die Autorität der amerikanischen Notenbank fiel, richteten seine Manager einen Hilferuf an die Federal Reserve Bank, und deren Chef Allan Greenspan sowie der Chef der New Yorker Notenbank, Wiliam McDonough, organisierten eine Rettungsaktion. Die Fondsmanager hatten waghalsige Manöver der Absicherung ihrer Geschäfte betrieben, mit einem Kapital von vier Milliarden US Dollar hatten sie 120 Milliarden Dollar geliehen und mit dem Geld ihre Arbitragegeschäfte betrieben. Mit diesen 120 Milliarden Dollar hatten sie wiederum eine weitere Billion Dollar ausgeliehen und mit dem geliehenen Kapital große Summen bewegt. Die Hebelfunktion durch Kredite, die wiederum auf anderen Krediten beruhen, bedeutet auch eine mehrfache Profitmöglichkeit. Doch schon die *corporate raiders* wussten, dass sie genügend Geld flüssig haben mussten, falls eines ihrer Geschäfte einmal schief ging. LTCM aber glaubte, dass seine Geschäftsmethode wissenschaftlich abgesichert sei, und so wurde ihnen schließlich der Mangel an Liquidität zum Verhängnis.

Die Methode bestand den Praxistest also nicht. Die Nobelpreisträger selber hatten vorgeführt, dass man Lady Credit mit der Mathematik nicht fesseln konnte. Man wünschte sich Berechenbarkeit und vertraute auf eine wissenschaftliche und mit dem Nobelpreis abgesegnete Theorie. Dass Wahrscheinlichkeitsrechnungen nur eingeschränkte Geltung haben können, hatte man vergessen. »Die Natur hat Muster eingerichtet, die für die Wiederkehr von Ereignissen sorgen, aber nur für den größten Teil«, schrieb schon Leibniz (Bernholz 2000:421).

Das Problem ist jedoch offensichtlich: Die Daten, auf denen das Risikokalkül der Investmentmanager beruht, werden aus Größen gewonnen, die auf Entscheidungen von Anlegern beruhen, deren Motive sich wiederum aus bestimmten Zeitumständen und Erfahrungen ergaben – die alten Händler wussten, dass es auch Zeiten gibt, in denen der Markt gegen einen steht. Mathematische Wahrscheinlichkeitsrechnungen können nur Daten aus der Vergangenheit extrapolieren und bleiben spekulativ, denn die Zeitereignisse verlaufen nicht linear wie eine Gaußsche Normalverteilungskurve, und derartige Statistiken und Datenreihen können deshalb kein festeres Fundament für Investitionsstrategien bieten als die Regel von Richter Putnam. Die Praktiker freilich sind sich der realen institutionellen und gesetzlichen Voraussetzungen sehr viel stärker bewusst, die schon für einfache Geldanlagen und Investitionen im Ausland zu beachten sind; davon zeugt die Weltkarte, auf der die englische Control Risk Group jährlich für die multinational agierenden Konzerne die Länder der Welt nach dem Grad der Stabilität und Sicherheit von Investitionen einteilt. Für das Jahr 2003 werden auf dieser Karte mehr als 60 Länder der Erde als extrem instabil oder stark gefährdet eingestuft. Ökonomie, die sich als rationale Wissenschaft, als Wissenschaft vom rationalen Verhalten betrachtet, erweist sich in ihrer Empirieferne in Wirklichkeit als Teil eines moralischen Diskurses. Ob die Gerichte sich bei der Beurteilung von Pleiten noch immer auf die rationalistischen Erklärungen der Ökonomen berufen werden oder doch eher auf Richter Putnam?

Der Fall des Hedge Fonds LTCM, 1998, zeigte die Grenzen der Berechenbarkeit auf – Risiken konnten auch durch nobelpreisgekrönte Theorien nicht ausgeschlossen werden. Die beteiligten Banken halfen bei der Rettung des Fonds, der das Weltfinanzsystem fast unbemerkt vom breiten Publikum an den Rand des Zusammenbruchs gebracht hatte. Die Enron-Pleite, um die es im folgenden Kapitel geht, hatte weit über die Finanzwelt hinaus eine paradigmatische Bedeutung nicht allein für die Veränderungen im amerikanischen Wirtschaftssystem, sondern auch für das Image der USA in der Weltöffentlichkeit: Die Gründung der Firma Enron fand in der Ära der Firmenpiraterie statt; Kenneth Lay, der von den Aktionären als »weißer Ritter« geholt wurde, hatte selbst direkte Verbindungen zu Michael Milken. Enron wurde vom Magazin *Fortune* mehrfach zur »innovativsten Firma« gekürt, weil es am perfektesten die Personalführung nach dem McKinsey-Schema beherrschte – und damit auch die Fehler anlegte, die zu seinem Scheitern führten. Enron gehörte zu den Konzernen, die sich von den Teams ihrer Unternehmensberatungsfirma Andersen Consulting Geschäftsstrategien ausarbeiten und sich von derselben Firma zugleich die Bücher prüfen ließen. Und Enron war eine Firma, die mit ihren lauthals verkündeten Internetinnovationen die Börsenspekulation anheizte und damit auch diesen Punkt des Schemas erfüllte, der die Börsenblase charakterisiert hat. Enron stand schließlich nicht nur für die Finanzkolosse der neuen Ökonomie mit den tönernen Füßen, die die USA in diesem künstlichen Aufschwung gebar, es stand auch für die imperialen Projekte im Bereich des Handels mit den Gütern des täglichen Bedarfs, der Energie und der Wasserversorgung, Projekten, deren Gigantomanie vielleicht nur in einer Stadt wie Houston entstehen konnte. Houston bot auch die enge Verbindung mit der Politik, für die der Fall Enron ebenfalls ein Symbol darstellte – ohne die gesetzgeberische Hilfestellung bei der Deregulierung von Märkten wären die Projekte der Firma Enron nicht durchführbar gewesen.

# 10 Amerikanischer Klientelismus: Der Fall Enron

*Wie man ein Manager wird*

*Kenny, ein Junge aus der Stadt, ging eines Tages zum Bauern und kaufte einen alten Esel. Sie handelten einen Preis von 100 Dollar aus, und der Bauer versprach, den Esel am folgenden Tag zu liefern. Am folgenden Tag kam der Bauer und brachte keinen Esel. Es tue ihm leid, aber der Esel sei in der Nacht verstorben. Kenny verlangte also sein Geld zurück.*
*Leider, sagte der Bauer, kann ich dir auch das Geld nicht zurückgeben, denn ich habe es bereits ausgegeben. Kenny sagte: »Na gut. Aber dann gib mir wenigstens den Esel«.*
*Der Bauer wunderte sich. »Was willst du denn mit einem toten Esel?«*
*»Ich werde ihn verlosen!«*
*»Aber«, wunderte sich der Bauer, »man kann doch keinen toten Esel verlosen!«*
*Kenny aber sagte: »Das wird sich zeigen. Ich werde natürlich niemandem sagen, dass er tot ist.«*
*Als der Bauer einen Monat später Kenny wieder traf, fragte er ihn, was mit dem toten Esel passiert sei.*
*»Ich habe ihn verlost. Ich habe 500 Eintrittskarten für zwei Dollar verkauft und einen Gewinn von 898 Dollar gemacht.«*
*»Und«, fragte der Bauer, »hat sich niemand beschwert?«*
*»Doch«, antwortete Kenny, »der Junge, der ihn ersteigert hat. Ich gab ihm die zwei Dollar Eintrittsgeld zurück.« Als Kenny größer wurde, wurde er der Chef von Enron.*
*(Im amerikanischen Internet kursierende Geschichte.)*

## Die Energiemetropole

Texas ist der größte Staat der USA. Davon sind die Texaner jedenfalls überzeugt, denn nur Alaska ist größer – aber von Texas aus ist Alaska leicht zu ignorieren. Mit seinen 695 676 qkm ist dieser Staat fast doppelt so groß wie Deutschland, hat jedoch mit rund 20 Millionen noch nicht einmal ein Viertel so viele Einwohner. Die Region Houston hat inzwischen 4,5 Millionen Einwohner, während die Bevölkerung der Stadt selbst abnimmt und in den letzten Jahren von 2,3 Millionen auf nur noch zwei Millionen geschrumpft ist. Ein Drittel der Einwohner sind Angelsachsen, ein Drittel Hispanos, eine Viertelmillion sind Afroamerikaner und ein weiterer großer Anteil ist asiatischer Herkunft. Theater, Oper und Ballett von Houston zählen zur Weltklasse, die Rodeos locken jährlich 1,8 Milionen Besucher an, und seit dem 7. April 2000 hat Houston ein Baseballstadion mit einem Schiebedach. An diesem Tag fand das Eröffnungsspiel zwischen den Houston Astros und den Philadelphia Phillies statt. Und Kenneth D. Lay, der Chef der Firma Enron, der die Kampagne zur Sammlung von Geld und den Volksentscheid für den Bau des Stadions initiiert hatte, durfte symbolisch den ersten Wurf machen. Anschließend ging er zurück in seine Zuschauerloge, wo er das Spiel zusammen mit seinem Freund, dem damaligen Gouverneur von Texas, George W. Bush, verfolgte.

Houston beheimatet 18 der 500 größten Unternehmen der *Fortune*-Liste. Eine davon ist Halliburton, deren Chairman Dick Cheney war, bevor er zum Vizepräsidenten der USA ernannt wurde. Halliburton ist nicht nur der größte Öldienstleister der Welt mit Niederlassungen und Tochterfirmen in Ländern wie Iran und Burma, sondern auch einer der größten Lieferanten von Infrastrukturdienstleistungen der Armee. Berühmt wurde Houston als Zentrum der Astronautik, aber seine Stärke lag seit dem Beginn der ersten Ölbohrungen im nahen Jefferson County im Jahre 1901 im Energiesektor. Houston hat 5000 Firmen, die in diesem Sektor arbeiten, Ölfirmen, Gasförderfirmen, Ingenieurbüros und Ausrüster für Ölbohrungen zur See und zu Lande sowie Feuerwehrspezialisten für brennende Ölfelder. Die Stadt erhielt

1999 von der Umweltbehörde den Titel der schmutzigsten Stadt von ganz Nordamerika und übertraf damit sogar Los Angeles. Mehr als 120 Chemiebetriebe, Ölraffinerien und Ölterminals lassen mehr als 25 Millionen Liter giftiger Chemiestoffe in die Luft. Man nimmt an, dass etwa 400 Todesfälle pro Jahr auf das Konto von Luftschadstoffen gehen. Auch die Kanäle von Houston haben von Umweltschutzgruppen eine Auszeichnung bekommen: als die meistverschmutzten Wasserwege der USA. Von daher ist es vielleicht nicht überraschend, dass Houstons M.D.-Andersen-Krebszentrum als eines der renommiertesten der Welt gilt. Die Stadt wird etwa alle zehn Jahre von Jahrhunderthochwassern heimgesucht. 1994 starben bei einem solchen Hochwasser 17 Menschen, und 22 000 Häuser wurden zerstört, 2001 waren es 20 Tote und etwa 20 000 ruinierte Wohnhäuser und Geschäfte, und der Schaden belief sich auf etwa eine Milliarde Dollar. Von den Bürgern der Stadt heißt es, sie seien Planer und Träumer, Leute, die davon überzeugt sind, dass der nächste Handel sie reich machen werde. Hängt das damit zusammen, dass mehr als ein Drittel der Einwohner unter 25 sind? Die nächstgrößere Gruppe ist das Drittel der 25- bis 45-Jährigen, alte Leute gibt es nur wenige.

## Der weiße Ritter

Die Ölgesellschaft Houston Oil Company gründete am 16. März 1925 eine Tochtergesellschaft, die Houston Natural Gas Company (HNG), die sich dem Gasgeschäft widmete. Die HNG expandierte im selben Maße wie die Bevölkerung von Houston und besaß 1975 300 Erdgasquellen und 97 Ölquellen. Anfang der achtziger Jahre war die HNG eines der einträglichsten Unternehmen von Houston und mit seinen 3,7 Milliarden Dollar Vermögen, zwei Milliarden Dollar Einnahmen und 123 Millionen Dollar Gewinn eine Herausforderung für Firmenpiraten. Mit Oscar Wyatt trat einer davon auf den Plan. Wyatt, Gründer der Coastal Corporation, war Arbitrageur im Gas- und Ölhandel. Er kaufte Öl und Gas billig überall zusammen und verkaufte es teuer. Als der *Houston Chronicle* ihn mit J. R. Ewing, dem Unhold aus der Fernsehserie *Dallas* verglich, verklagte Wyatt die Zeitung. Im Januar 1984 machte Wyatt im *Wall Street Journal* bekannt, dass er fünf Prozent der Anteile von HNG zusammengekauft hatte, und bot 1,3 Milliarden Dollar für die Übernahme an. Die HNG traf dieses Angebot völlig unvorbereitet. Zur Abwehr machte sie ein Gegenangebot zum Kauf von Coastal und bot außerdem den HNG-Aktionären an, die eigenen Aktien für 69 Dollar zurückzukaufen, also für einen Dollar mehr, als Wyatt angeboten hatte. Die Abwehrschlacht gelang, aber HNG verlor dabei viel Geld und musste von da an mit weiteren Angriffen rechnen. HNG suchte nach einem neuen Chef, der sie wie ein weißer Ritter durch die Schlachten führen konnte. Ihre Wahl fiel auf Kenneth D. Lay.

Lay stammte aus Missouri und war eines von drei Kindern eines Baptistenpredigers. Er erwarb 1965 an der Universität von Missouri seinen MA in Ökonomie und begann danach bei der Firma Humble Oil in Houston zu arbeiten. Während des Vietnamkriegs trat er in die Offiziersschule der Navy ein. Sein Universitätsmentor, der Ökonom Pinkney Walker, empfahl ihn an das Pentagon, wo man Lay mit der Entwicklung eines Plans für die Verbesserung des Einkaufssystems der Armee betraute. Lay arbeitete sechs Jahre für die Regierung, schrieb in dieser Zeit seine Doktorarbeit über die Wirkungen der Pentagonausgaben auf die übrige amerikanische Wirtschaft, die, wie es heißt, große Beachtung fand. 1971 wechselte er, wiederum auf Empfehlung von Walker, in die Federal Power Commission, die Energiekommission. Dort verfasste er Reden und bereitete politische Strategien vor, eine Tätigkeit, die ihm später sehr zugute kam. Danach war er zwei Jahre lang Staatssekretär für Energiefragen im Innenministerium, bevor er 1974 aus dem Staatsdienst ausschied und bei der Florida Gas anfing. Die Firma wusste seine Fähigkeiten zu schätzen und übertrug ihm eine Aufgabe, die ihm wie auf den Leib geschrieben war: Kontaktpflege zur Regierung in Washington für Florida Gas.

Kurz nachdem Lay als Retter das Management der HNG übernommen hatte, machte Irwin Jacobs ein feindliches Übernahmeangebot für die Firma InterNorth in Omaha. Sam Segnar, der Chef von InterNorth, wandte sich hilfesuchend an Lay, und bevor der Firmenpirat zum Zuge kam, gelang Lay die Fusion seiner Gasfirma mit der InterNorth, durch die er in den Besitz eines ausgedehnten Leitungsnetzes gelangte, das von Texas in den Mittelwesten und bis nach Kanada reicht. Das Geld für diesen Handel bekam Lay von Michael Milken. Seitdem saß die Firma auf einem Berg von Schulden. Mit 10 000 Mitarbeitern war InterNorth dreimal so groß wie Houston Natural Gas, besaß Kohlegruben und war im Gas- und im Ölgeschäft tätig. Trotzdem bestand Lay auf Houston als Hauptsitz der neuen Firma. Die neue Firma sollte zunächst Enteron heißen. Doch irgendjemand entdeckte, dass »enteron« die medizinische Bezeichnung für den Darm ist. So wurde der Name abgewandelt in Enron.

Als im Jahre 1987 die ersten Berichte über Unstimmigkeiten aus einer New Yorker Abteilung für Derivate kamen, verhandelten die Vorstandsmitglieder und die Buchprüfer von Andersen lange über den Fall: Eine Gruppe von Händlern der Tochterfirma Valhalla hatte ihre Handelslimits überschritten und war 1985 durch eine Gegenbewegung des Markts in größte Schwierigkeiten geraten: Sie hatten Lieferverträge von mehreren zehn Millionen Barrel Öl zu erfüllen, das sie nicht besaßen und auch nicht kaufen konnten. In dieser Lage hatten die beiden Leiter der Firma, Louis Borget und Thomas Mastroeni, Scheinfirmen in Panama erfunden und mit ihnen Scheinverkäufe getätigt, die sie in die Lage versetzten, trotzdem Gewinne auszuweisen und die Provisionen einzustreichen. Die Entdeckung durch einen New Yorker Banker führte zu einer Untersuchung durch Arthur Andersen, doch Kenneth D. Lay entschied, dass die beiden Händler trotz der Bedenken einiger Mitglieder des Aufsichtsrates weiterarbeiten sollten. Borget gelang es jedoch nicht, sein Problem zu lösen. Was er für profitable Handelsabschlüsse hielt, erwies sich jedesmal als ein weiteres Verlustgeschäft. Enron hatte schließlich Verpflichtungen zur Lieferung von 87 Millionen Barrels Öl, also 40 Supertanker voll Öl, das die Firma nicht besaß. Die Handelsverluste beliefen sich auf 1,5 Milliarden Dollar – zusammen mit den Langfristschulden von 3,5 Milliarden

Dollar war das mehr, als die Firma mit ihren 4,7 Milliarden Dollar wert war. Es gelang Mike Muckleroy, einem von Enrons Abteilungsleitern, den Lieferverpflichtungen zu entkommen, und es war ein Glück für Enron, dass der Markt keinen Verdacht schöpfte. Doch das endgültige Scheitern der Tochterfirma Valhalla im Herbst 1987 war nicht zu verhindern. Es brachte eine Anklage mit sich, die Borget ein Jahr Gefängnis und Mastroeni zwei Jahre Bewährung eintrug, aber es führte nicht zum Rückzug Enrons aus dem gefährlichen Derivatgeschäft. Enron kaufte und verkaufte weiter Optionen und Derivate im Energiegeschäft, ohne dass es dazu eine Lizenz hatte wie die Wall-Street-Firmen, die in diesem Geschäft arbeiteten. Lay aber hatte lange genug in Washington gearbeitet, um zu wissen, wie man diesem Missstand beikommen konnte.

Als Wendy Gramm, die Vorsitzende der Futures Trading Commission, 1989 erreichte, dass Future-Verträge nicht von der Börsenaufsicht, sondern von der von ihr geleiteten Kommission überwacht werden, begann Lay sich für sie zu interessieren. Ihr Mann, Senator Phil Gramm aus Texas, wurde von Enron zu einem Vortrag eingeladen, und Enron unterstützte Gramms Wahlkampf. 1992 beantragte Enron bei der Commodity Futures Trading Commission (CFTC), die den Energiemarkt betreffenden Derivate und Zinsswaps von der gesetzlichen Regulierung auszunehmen. 1993 votierte die Kommission zugunsten von Enron, und die Regulierung dieses Markts wurde abgeschafft. Eine Befreiung, die vom Juristen der CFTC als ausgesprochen bedenklich bezeichnet wurde: »In meinen 18 Jahre im Kongress ist dies wohl die unverantwortlichste Entscheidung, die ich erlebt habe«, sagte er. Wendy Gramm schied kurz darauf aus der Kommission aus und wurde in den Verwaltungsrat von Enron berufen, wo sie zwischen 1993 und 2001 ein Einkommen in Form von Gehalt, Tantiemen und Aktieneinkünften im Wert von zwischen 915 000 und 1,85 Millionen Dollar bezog. Auch ihr Mann, Senator Phil Gramm, wurde von Lay finanziell unterstützt.

Enron hatte von InterNorth und Houston Natural Gas ein Pipelinenetz geerbt, das 17,5 % des Gases transportierte, das in den USA konsumiert wurde. Enron war der »König des amerikanischen Pipelinegeschäfts«, das ein solides und profitables Geschäft war. Doch Lay hatte Größeres vor. Der Energiemarkt, der in den zwanziger und den beginnenden dreißiger Jahren zu hohen Preisen und zur Oligopolbildung geführt hatte, war von Präsident Roosevelt unter behördliche Aufsicht gestellt worden. 1984 begann Reagan mit der Deregulierung zur Etablierung eines Gasmarkts. Gasförderfirmen durften Gas einkaufen, wo sie wollten. Die Folge war, dass die Gasnetzbetreiber mit langfristigen Lieferverträgen eingedeckt wurden, um keine Konkurrenz entstehen zu lassen. 1985 dekretierte Reagan, dass private Gasnetze Gaslieferungen zu einem festgesetzten Preis durchlassen müssen. Diese Preisfestsetzung wurde 1987 aufgehoben, was die Etablierung eines Markts von Händlern ermöglichte, die weder Gas noch Gasnetze besaßen, aber die Preisunterschiede zwischen Gaswerken innerhalb der ganzen USA ausnutzen konnten. Jeffrey Skilling sah die Chancen dieser Arbitragegeschäfte und entwickelte noch als McKinsey-Berater für Enron die Idee einer Gasbank. Er glaubte, es gäbe ein großes Angebot von Seiten der Gaslieferanten, die nicht mehr an die Preisregulierung gebunden waren, und eine große Nachfrage von Produktionsfabriken, die aus Gas Strom gewinnen wollten. Skillings Idee wurde angenommen, und er wurde zum Leiter der neu gegründeten Enron Finance Corporation ernannt. Die Idee fand auch Interesse bei einigen Kunden, und bald schloss Enron profitable Lieferverträge für einen Durchschnittspreis von 3,50 pro Einheit über zehn Jahre ab sowie Einkaufsverträge für 1,50 Dollar pro Einheit. Da die Umweltschutzauflagen für konventionelle Kohlekraftwerke sehr hoch waren und die Atomkraft sich als fast unbezahlbar erwiesen hatte, gab es immer mehr Fabriken, die ihre Energie aus Gas gewinnen wollten. Erdgas kam in Mode, und die Enron Finance unterstützte die Erstellung neuer Gaswerke mit Krediten, begann zugleich mit der Ausbeutung von Ölvorkommen im Mississippidelta und bewegte sich noch stärker im Energieterminmarkt mit Derivaten. Nachdem er das Aufsichtsgremium von Enron und die Buchprüfer von Arthur Anderson von seiner Strategie überzeugt hatte, gelang es Skilling, von der SEC eine beschränkte Ausnahmegenehmigung für diese Geschäfte zu bekommen, die eine andere Buchführung ermöglichte. Über die Begrenzungen jedoch setzte er sich souverän hinweg. Er führte eine neue Bilanztechnik ein, die es erlaubte, Werte zu buchen, die noch nicht realisiert worden waren. Zusätzlich zu seinem Gehalt von 275 Millionen Dollar und einem Kreditrahmen von 950 000 Dollar erhielt Skilling für jede Wertsteigerung der von ihm kreierten Enron Finance noch Provisionen in bar.

## Die Expansion

Enron ist die Geschichte einer Firma, die sich stets neue Ziele setzte, neue Pläne ausheckte und damit neue Komplikationen und Zerstörungen schuf, die sie zu noch größeren Plänen antrieben. Lay war unermüdlich unterwegs, traf sich heute mit Politikern und Geschäftsleuten in Abu Dhabi und war am nächsten Tag in London oder Islamabad. Während die »Innenpolitik« seit 1990 von Rich Kinder und ab 1996 von Jeffrey Skilling übernommen wurde, betrieb Lay Außenpolitik. W. John Wing, ein Vietnamveteran mit lauter Stimme und offensiven Manieren, gehörte zum internationalen Bereich und wurde als Berater für Enron im Englandgeschäft eingesetzt. Wing plante eine neue Gasanlage mit hohem Auslastungsgrad in Teesside in Nordengland und erhielt dafür die Zustimmung von Margret Thatchers Unterstaatssekretär John Wakeham, der später Mitglied des Enron-Aufsichtsrats wurde. Es war ein Großprojekt, ganz im Enron-Stil, das immerhin drei Prozent des englischen Energiebedarfs liefern sollte. Das Problem war allerdings, dass es kein Gasleitungsnetz gab, durch welches das Erdgas angeliefert werden konnte. Wing trat in Verhandlungen mit den Ölfirmen, die das englische Nordseeöl fördern, und brachte eine Vereinbarung über den Bau einer Gaspipeline zustande. Die Ölfirmen sollten eine Gasleitung bauen, und Enron sollte dafür eine langfristige Abnahmegarantie von 600 Millionen Kubikfuß täglich übernehmen. Das war das Doppelte dessen, was das neue Gaswerk Teesside verarbeiten konnte. Enron musste also die Möglichkeit schaffen, die überschüssige Menge auf dem englischen Markt zu verkaufen, und begann auch in England um politische Unterstützung für die Deregulierung des Gasmarkts zu kämpfen. Lay wollte zum großen Gaslieferanten der Insel werden und British Gas Konkurrenz machen. John Wing bekam für dieses Geschäft elf Millionen Dollar und setzte damit neue Maßstäbe für die künftigen Vertragsprovisionen von Enron.

Teesside wurde 1993 fertig gebaut, aber die Rechnung ging für Enron nicht auf. Die Zeit der hohen Gaspreise war bald vorüber, und als die Gaspreise fielen, geriet Enron in große Schwierigkeiten. Die Firma versuchte die Verträge anzufechten und führte juristische Auseinandersetzungen mit den Gasnetzbetreibern, darunter BP, Phillips Petroleum und TotalFinaElf. Die Lieferanten zeigten Enron wegen Vertragsbruchs an, und ein Londoner Gericht verurteilte die Firma 1997 zu einer ersten Zahlung von 400 Millionen Dollar und einer weiteren von 675 Millionen Dollar.

Skilling richtete nach dem Teesside-Desaster in der Firma ein *Risk and Assessment Center* (RAC) ein, das Projekte auf ihre Risiken hin überprüfen sollte – Währungsrisiken, Zinsrisiken, Warenpreisrisiken. Aber in der heißen Stimmung der schnellen Geschäfte bei Enron musste das RAC als Hindernis aufgefasst werden. Wenn Leute vom RAC ihre Bedenken gegen Projekte geltend machen wollten, mussten sie damit rechnen, dass sie von den Projektmachern persönlich angegriffen und bei den Sitzungen zur Leistungsbewertung an den Pranger gestellt wurden. Das RAC konnte unter solchen Umständen keine Sicherheitsfunktion ausüben und wurde nur aufrechterhalten, um die Banken und Ratingagenturen zu blenden.

## Papierperformance ist alles: Die Virtualisierung der Schulden

1993 hatte Enron mit dem Pensionsfonds der öffentlichen Angestellten in Kalifornien, CalPERS, ein gemeinsames Investitionsprojekt, JEDI, zur Förderung von Erdgas begonnen. Nach vier Jahren wollte CalPERS das Projekt JEDI beenden, gerade zu einer Zeit, als Enrons Aktienkurse zu sinken begannen, die Profite nicht mehr stimmten und die Konkurrenten im Gasgeschäft an Enron vorbeizogen. Die Nachricht aus Kalifornien traf Skilling besonders hart. Mit dem JEDI-Projekt, in das CalPERS 250 Millionen Dollar an Geldmitteln eingebrachte hatte und Enron 12 Millionen Aktien, hatte Enron eine geschickte Bilanzpolitik verbunden: Als halber Besitzer konnte Enron die Erträge aus dem Projekt für sich buchen, ohne die Schulden ausweisen zu müssen, da es nicht Eigentümer von JEDI war. Und da sich Skilling immer mehr auf den Handel verlegte, wurde für ihn die Kreditbewertung durch die Ratingagenturen immer wichtiger. Diese Bewertung aber ist an die Fähigkeit zur Bezahlung von Schulden gebunden: Je höher die Fähigkeit eines Unternehmens zur Schuldentilgung gewertet wird, desto weniger Zinsen muss es für Kredite zahlen. Das aber war das Problem von Skilling – es fehlte an flüssigem Geld, und Schulden ließen sich nicht mit Aktien oder Optionen begleichen. Handelsgeschäfte aber benötigen ständig viele kurzfristige Kredite. Skilling brauchte folglich gute Bewertungen von den Ratingagenturen. Er konnte es sich nicht leisten, die 600 Millionen Dollar Schulden von JEDI in Enrons Bücher zu übernehmen. Die Lösung fand er zusammen mit seinem Buchhalter Andrew Fastow. Sie gründeten eine Scheinfirma Chewco, die die Schulden übernehmen sollte. Besitzer dieser Scheinfirma sollte Michael Kopper sein, ein Mitglied der Enron-Führungsriege. Die Idee wurde vom Aufsichtsrat abgesegnet, und Chewco kaufte von CalPERS die Anteile von JEDI, ohne dass dies in den Büchern von Enron auftauchte. Das Geld für den Kauf, das CalPERS in bar haben wollte, lieh sich Enron von der Barclays-Bank und bürgte selbst dafür. Enron hatte bald immer mehr solcher Scheinfirmen, die zur Übertragung von Schulden dienten und halfen, die Gewinne größer erscheinen zu lassen und die Verluste zu verstecken, um die Aktienkurse zu pflegen. Die Namen, die Fastow ihnen gab, wie Timberwolf, Bobcat, Condor, Ponderosa oder Raptor, spiegeln die Denkwelten wider, in denen sich diese Manager bewegten. An der Gründung der Scheinfirma Raptor verdiente Arthur Andersen 6 Millionen Dollar an Gebühren, und Fastow selbst bereicherte sich dabei auf Kosten seiner Firma um mehrere Millionen.

Für die Gründung solcher Partnershipfirmen benötigte man per Gesetz drei Prozent Eigenkapital. Enron, das stets über genügend Aktien verfügte, weil sich der Kurs permanent nach oben bewegte, war zugleich ständig knapp an flüssigem Geld. Es war absehbar, dass dieser Expansionskurs irgendwann an seine Grenzen gelangen musste, spätestens in dem Moment, wo Enron die Fähigkeit zur Gründung einer Scheinfirma verlor, denn das Ganze war nichts anderes als ein Schneeballsystem. Als Sherron Watkins, eine Enron-Managerin, die später berühmt gewordene Mail an Lay schickte, dass sie fürchte, dass die Bücher nicht stimmten, ließ Lay diesen Vorwurf von der Anwaltskanzlei Vinsion & Elkins prüfen. Sie stellten fest, dass an den Vorwürfen nichts dran war, und Watkins war blamiert. Alle Kritik konnte so mit Hilfe derjenigen unterlaufen werden, die ihre vorgesehene Schiedsrichterfunktion zugunsten ihrer Managerhörigkeit aufgegeben hatten, weil ihnen sonst der Entzug lukrativer Aufträge drohte.

Diese Strategie des Enron-Managements im Umgang mit kritischen Stimmen äußerte sich auch auf andere Weise. Eines Tages fand ein Buchprüfer heraus, dass Enron etwas sorgsamer mit den Reisekosten umgehen und Reisen selbst buchen könnte, statt ein Reisebüro zu beauftragen. Tatsächlich sanken die Reiseausgaben in der Folgezeit, aber es dauerte nicht lange, bis der Buchprüfer gefeuert wurde. Er hatte ein Tabu verletzt: Das Reisebüro Travel Agency in the Park gehörte der Schwester von Lay, und niemand in der Firma durfte die Familienmitglieder kritisieren. Lays Sohn wurden Aufträge als Berater zugeschanzt, und man übertrug ihm ein Geschäft für den Kauf von Papiermühlen und Papiervorräten, die Enron viel Geld kosteten, aber nie einen Pfennig einbrachten, weil die Papierpreise sanken.

## Der McKinsey-Mann

Der frühere McKinsey-Mann Jeffrey Skilling wurde Geschäftsführer, nachdem man 1996 den zweiten Mann von Enron wegen Promiskuität entlassen hatte, weil er statt mit seiner Frau mit einer verheirateten Sekretärin geschlafen hatte. Unter Skilling betrieb Enron eine völlig neue Personalpolitik. Als Skilling anfing, hatte Enron 7500 Beschäftigte, aber es dauerte nicht lange, da waren es doppelt so viele, und nach Ablauf von vier Jahren hatte Enron 20 000 Mitarbeiter, lauter bestbenotete Abgänger der teuersten und berühmtesten BWL-Hochschulen des Landes. Exzellentes Personal ist alles, das war Skillings Credo – ob die Leute zusammenpassten oder nicht, ob sie wussten, was die Firma braucht oder nicht, ob sie aus mangelnder Erfahrung Millionenprojekte in den Sand setzten, kümmerte ihn nicht. In den Einstellungsgesprächen wurden nur Schlauheit, analytischer Verstand und Angriffslust bewertet, denn Angriffslust galt als wichtige Qualifikation. Jeder Neuling wurde durch die Abteilungen geschickt und musste sich seinen Platz suchen; wer sich mit keinem der Abteilungsleiter anfreunden konnte, musste wieder gehen. Der Elitensnobismus schlug sich in den hohen Anfangsgehältern und in der Ego-Pflege der Stars nieder: Wenn jemand den Wunsch äußerte, in London zu arbeiten, wurde er erster Klasse nach London geschickt, um sich dort mit der Englandabteilung ins Benehmen zu setzen. Enrons Leute galten als smart, und sie glaubten, den Schlüssel zum Erfolg in der Hand zu halten. Sie wollten reich werden und dabei gleich noch der Welt eine Lektion erteilen. Konventionelle Geschäfte mit den Ölpipelines galten als altmodisch, sie glaubten, im Handel mit Derivaten und Futures läge die Zukunft. Sich um Kunden zu bemühen, war nicht mehr üblich, der Preis, meinte Skilling, regle alles.

Regelmäßig wurden die berühmt-berüchtigten PRC-(Performance Review Comittee)-Sitzungen abgehalten, Leistungsbeurteilungen, bei denen die Mitarbeiter ihre Projekte und ihre Arbeit vorstellten. In diesen Sitzungen, die von einer Flut schriftlicher Beurteilungen Gleichrangiger begleitet waren, die die Chefs durchzuarbeiten hatten, versuchte jeder, sich gut zu verkaufen und die Projekte der anderen schlecht zu machen. Wer keine Patronage von einem Höhergestellten hatte, hatte wenig Chancen zu überleben, und deshalb waren diese Veranstaltungen zugleich auch eine Art Popularitätstest für die Chefs. Diese Veranstaltungen förderten die falsche Selbsteinschätzung und das Konkurrenzdenken, nicht aber Kooperativität und Teamgeist. Da ein genehmigtes Projekt jeweils Millionen einbrachte, machten sich alle gegenseitig schlecht und stellten die Integrität der anderen in Frage, um selbst besser dazustehen.

## Der Griff nach dem Wassermarkt

Rebecca Mark war eine ehrgeizige Harvard-Absolventin der Betriebswirtschaftslehre, die die Unterstützung von Lay besaß. Sie war bekannt für ihren kostenintensiven Lebensstil, trug vornehmlich Escada- oder Armani-Klamotten und hatte ihr Büro für mehrere Millionen Dollar mit Kunstwerken ausgestattet. 1998 bekam sie von der Firma grünes Licht für das Projekt Azurix, den Einstieg Enrons ins Wassergeschäft. Warum sollte sich eine Firma, die sich anschickte, den Energiehandel der Welt zu beherrschen, nicht zugleich mit dem Wasserhandel befassen? Wasserwerke sollten nach den Intentionen der OECD in vielen Ländern privatisiert werden, ein sicheres Geschäft, da jeder Mensch auf Wasser angewiesen ist. Wenn die Wasserbetriebe weltweit dereguliert würden, wollte Enron an diesem Geschäft, das nach Einschätzungen von Fachleuten ein Volumen von 300 Milliarden Dollar umfasste, mitverdienen. Man kaufte die kleineren Betriebe auf und nutzte ihre laufenden Einnahmen zur Bezahlung der Schulden für den Kauf der großen Wasserbetriebe.

Die Idee wurde vom Enron-Aufsichtsrat akzeptiert, weil man sich davon überzeugen ließ, dass Wasserpumpen und Wasserbehandlung Strom und Energie verbrauchen. Enron konnte also das eine mit dem anderen Geschäft verbinden und zugleich lukrative Arbitragegeschäfte zwischen wasserarmen und wasserreichen Regionen betreiben. Aber Rebecca Mark wollte, im Stil des Hauses Enron, etwas ganz Neues und ganz Besonderes bieten und den bisher schon im Wassergeschäft etablierten französischen Konzernen Vivendi und Suez Paroli bieten: »Wir verschwenden unendliche Mengen an Wasser, weil es keinen Markt gibt. Wir wollen einen solchen Markt schaffen, der sich von dem, womit die Franzosen seit 150 Jahren ihre Zeit vertrödeln, vollständig unterscheidet«, sagte sie in einem Interview mit dem englischen Freihandelsblatt *The Economist* (25. 3. 2000), aus dem der Größenwahn und die Aggressivität der Händlerin deutlich wurden: Das war die Sprache, die man in der Wall Street und im *Economist* gerne hörte. Am 9. Juni 1999 wurde die Emission der Aktien von Azurix angekündigt, in einem Stadium, in dem noch nicht einmal die Geschäftsidee völlig klar war. Mark hatte sich mit den Schwierigkeiten beim Wassergeschäft gar nicht erst abgegeben, und es war offensichtlich, dass das Geschäft nicht mit dem Wasser, sondern mit den Ersttagsemissionen gemacht werden sollte, wie ein Mitarbeiter sagte. Doch die Privatisierung, von der die Enron-Leute geglaubt hatten, dass sie in vielen Ländern der Welt stattfinden werde, wurde nicht überall als eine so durchschlagende Idee angesehen. Das Geschäft mit der Wasserprivatisierung war schwieriger, als Mark gedacht hatte.

Der Kauf des größten englischen Wasserwerks gelang Mark innerhalb weniger Tage. Die Wessex Water Supply sollte den ganzen Süden von England versorgen, und Mark mietete in London ein Büro für Azurix als Zentrale für die europäischen Geschäfte an. Das Büro kostete im Monat 83 000 englische Pfund und wurde auf 15 Jahre gemietet. Aber Azurix zog nie ein, vielmehr zog es Mark weiter in internationale Gefilde. Ihre Teams von der Azurix-Entwicklung reisten auf der Suche nach Privatisierungsvorhaben um die Welt. Sie verbrauchten mehr als 60 Millionen Dollar monatlich an Hotelkosten, Beratung und Flugreisen. Als die Wasserwerke von Buenos Aires privatisiert wurden, kaufte Mark sie für einen Preis von 438,5 Millionen Dollar, der rund 270 Millionen Dollar über dem nächsten Angebot lag. Um die argentinischen Wasserwerke instandzusetzen, schickte sie englische Wasserwerker nach Argentinien – ohne einen Gedanken daran zu verschwenden, dass es sich um ehemalige Kriegsgegner handelte und die Engländer kein Wort Spanisch sprachen, während die Argentinier kein Wort Englisch reden wollten. Der teure Neuerwerb brachte Enron auch sonst wenig Freude. Man hatte bei Vertragsabschluss übersehen, dass das Hauptgebäude nicht Bestandteil der Wasserwerke war, und musste nun einen Lotsendienst einsetzen, der den Kunden, die ihre Wasserrechnung in bar bezahlten, den Weg zu den rasch errichteten neuen Kassenschaltern wies. Eine weitere böse Überraschung trat ein, als sich in Buenos Aires eine Alge im Trinkwasser ausbreitete und die Verbraucher sich über den Geschmack und Geruch des Wassers beschwerten. Die Behebung des Schadens kostete erneut das so dringend benötigte flüssige Geld, während die Einnahmen aus dem Wassergeschäft sanken. Wegen Unterbrechungen der Lieferung, schlechter Wasserqualität und unzulänglicher Abwasserbeseitigung belegte die lokale Wasserbehörde Azurix außerdem mit Strafen von insgesamt einer Million Dollar.

Obwohl die Neugründung keine Gewinne machte, sondern Verluste, bekam Mark ein Jahresgehalt von 710 Millionen Dollar und Reisekostenzuschüsse von 101146 Dollar allein im Jahr 1999, damit sie nicht mit den gewöhnlichen Linienflugzeugen fliegen musste. Ihre Abteilung zog im Hochhaus von Enron in Houston in die neunte und zehnte Etage. Um die Azurix-Abteilungen nicht auseinander zu reißen, setzte Mark den Bau einer besonderen Treppe zwischen den beiden Stockwerken durch, für den sie eine Reihe von Architekten holen ließ. Der Treppeneinbau, der sich über Monate hinzog, kostete eine Million Dollar. Ende 1999 fanden die Azurix-Entwickler schließlich heraus, dass es nicht genügend interessante Projekte gab. Denn die französischen Wassergesellschaften Vivendi und Suez waren im Zweifelsfall bereits da, wenn es irgendwo etwas zu privatisieren galt. Azurix hatte Anfang 2000 etwa 20 Millionen Kunden, aber 1,2 Milliarden Dollar Verluste und verbrauchte monatlich 115,7 Millionen Dollar – eine weitere Geldvernichtungsaktion für Enron. Am 25. August 2000 musste Azurix schließlich aufgeben.

Rebecca Mark arbeitete zwar im internationalen Geschäftsbereich von Enron, hatte jedoch weder politische noch soziolokulturelle Kompetenzen. Sie hatte nach ihrem BWL-Studium nur denselben brennenden Ehrgeiz, reich zu werden, wie eine große Zahl ihrer Kommilitoninnen und Kommilitonen auch. Als das Projekt gescheitert war, fiel Mark in einem Interview mit *Vanity Fair* dazu nur ein: »Es war kein Desaster, es war nur so, dass wir nicht überleben konnten als Aktiengesellschaft, weil die Einnahmen nicht ausreichten, um das Wachstum der Aktien zu unterstützen.« (*Vanity Fair*, 4/2002) Aktien und Optionen waren der Stoff, von dem die Wunderkinder der neuen Ökonomie abhängig waren wie Süchtige, Neugründung, Kauf und Verkauf von Firmen waren die dazugehörige Beschaffungskriminalität.

## Die manipulierte Stromkrise

Am Dienstag, dem 15. Januar 2001, schlug die kalifornische Energieüberwachungsbehörde Alarm. Aufgrund von Stromknappheit müsse man mit Stromabschaltungen rechnen. Als das Kraftwerk *Morro Bay* ausfiel, wurde am Mittwoch in San Francisco, Sacramento und San Jose sowie einigen Bezirken des Silicon Valley für einige Stunden die Stromzufuhr unterbrochen. Die Firmen im Silicon Valley mussten Zwangspausen einlegen, soweit sie nicht auf eigene Stromanlagen zurückgreifen konnten. Krankenhäuser mussten mit Notaggregaten arbeiten, und in der Region standen die Autos stundenlang im Stau, weil die Ampeln ausfielen. Die Umsätze stockten, Bankautomaten, Sicherheitsanlagen, Aufzüge und Kühltruhen funktionierten nicht mehr. Bis zum Sommer war der Sonnenstaat von einer Reihe von Stromabschaltungen betroffen, nicht betroffen waren nur die Strompioniere von Ukiah (Mendocino), die mit Solarstrom leben, und die Großstadt Los Angeles, denn in Los Angeles gibt es eine kommunale Versorgung. Journalisten begaben sich in Scharen ins Mendocino und schrieben Artikel über ein Leben ohne Stromrechnung, und der Leiter der Abteilung Strom und Wasser von Los Angeles, David Freeman, wurde Held des Sommers.

Was war geschehen? Der Energiekonzern Southern California hatte am 15. Januar 2001 der Aufsichtsbehörde der New Yorker Börse mitgeteilt, dass er eine fällige Zahlung von 596 Millionen Dollar schuldig bleiben müsse. Auch der zweite der beiden größten kalifornischen Stromversorger, Pacific Gas & Electric, war in Zahlungsschwierigkeiten – zusammen hatten sie nach eigenen Angaben seit der Liberalisierung des Strommarkts 1998 über zwölf Milliarden Schulden angehäuft. Die Aktien der Southern California fielen in der Bewertungsskala auf die niedrigste Stufe zurück. Der Kurs des Mutterkonzerns Edison International sackte um zehn Prozent ab, der von PG&E sogar um zwölf Prozent.

Gouverneur Davis blieb nichts anderes übrig, als Strom aus den Nachbarstaaten zu überhöhten Preisen einzukaufen. Dianne Feinstein, demokratische Senatorin von Kalifornien, bat den neuen Präsidenten G. W. Bush in dieser Lage um einen Termin, um über Möglichkeiten zur Behebung unfairer Strompreisgestaltung zu sprechen, denn dem Präsidenten untersteht die Bundesbehörde FERC, die für alle zwischenstaatlichen Energiefragen zuständig ist. Der Republikaner Bush aber hatte keine Zeit für die demokratische Senatorin, sein Vizepräsident Cheney dagegen fand Zeit für ein Treffen mit Kenneth Lay am 22. Februar, um sich über Energiefragen zu unterhalten und die Ausarbeitung seines politischen Energieprogramms (Energy Task Plan) mit ihm zu erörtern. Lay sprach sich entschieden gegen Preisbeschränkungen aus, und am nächsten Tag ließ sich Cheney in der *Los Angeles Times* öffentlich gegen Preisbeschränkungen aus: Sie wären nur eine kurzfristige Entlastung und würden das Grundproblem, die zu niedrigen Investitionen, nicht lösen. Auch Bush verkündete bei einem Besuch in Kalifornien im Mai, dass Preisbeschränkungen nicht zur Senkung der Nachfrage, aber auch nicht zur Erhöhung des Angebots beitrügen.

Die amerikanischen Stromerzeuger waren seit jeher größtenteils in privater Hand und wiesen bis dahin eine relativ hohe Kontinuität auf, die zum Teil bis zu den ersten Strompionieren zurückreichte. Was der technische und unternehmerische Geist eines Werner von Siemens für Deutschland leistete, der in Berlin die erste »Elektrische« installierte, das war Thomas Alva Edison für die USA, der mit seiner Pearl Street Electricity Generating Station Straßenlicht und häusliches Lampenlicht für anfänglich 59 Kunden produzierte. Aus Edisons Glühbirnen und Stromfabrik ging die General Electric hervor, heute eines der größten Unternehmen der USA. Auch die Pacific Gas & Electric hat einen alten Namen, der auf das Gründungsjahr 1905 zurückgeht. Die amerikanische Stromversorgung wurde nach und nach in allen Einzelstaaten einer Überwachungskommission unterworfen, die einen »fairen Preis« festlegte, der in einer Reihe von Anhörungen ausgehandelt wurde. Die Macht dieser Kommissionen, die in einigen Staaten gewählt, in anderen vom Gouverneur ernannt werden, endet an den Grenzen der Einzelstaaten. Die Stromerzeuger sahen darin ihre Chance und gingen alsbald dazu über, zwischenstaatliche Holdings zu bilden, um die Preise brechen zu können. Die von ihnen dominierten einzelnen Stromwerke mussten finanzielle Dienste, Managerberatung, Öl, Bauteile und Ingenieursdienste zu überhöhten Preisen bei der Mutterholding oder bei den anderen Firmen aus der Holdinggruppe kaufen, die in einem undurchschaubaren Netz von gegenseitigen Schachtelbeteiligungen pyramidenartig aufgebaut war. Den Überwachungskommissionen wurde es durch die grenzüberschreitende komplizierte Holdingstruktur unmöglich gemacht, die Preisgestaltung der Stromwerke zu überprüfen, und die von ihrer Holding belasteten Stromwerke gaben die Preiserhöhungen an die Kunden weiter.

Zwanzig große Holdingsysteme beherrschten 1929 98,5% der zwischenstaatlichen Stromverteilernetze, die über eine komplizierte Besitzerstruktur mit mehrfachen Verschränkungen von Aktienanteilen verbunden waren. Sie waren zu großen Teilen auch für den Zusammenbruch der Börse 1929 verantwortlich, und Franklin D. Roosevelt beendete ihre Macht 1935 mit dem PUHCA-Gesetz gegen die Holdings, das alle mehrfachen Besitzverschränkungen auflöste und die Kreditvergabe von Stromwerken an die Mutterholding verbot (PUHCA = Public Utility Holding Company Act, Gesetz zur Regelung von Stromversorgungsholdings). Die Holdings wurden der Börsenaufsicht SEC unterstellt, die deren Preisgestaltung überprüfen konnte, was die Möglichkeiten zum Missbrauch der Marktmacht nachhaltig einschränkte. Mit dem Energy Policy ACT (EnPACT) jedoch, den der Lay-Freund Bush der Ältere 1992 signierte, wurden diese Gesetze weitgehend aufgehoben. Die Macht der Regulierungskommissionen zur Festlegung fairer Preise wurde erheblich geschwächt, die Beschränkungen für den Eintritt in den Strommarkt wurden fallen gelassen. Es entstand eine neue Kategorie von Anbietern: die Stromhändler, die weder Strom erzeugten noch lagerten noch Anschlüsse legten. Ökonomen und Politikanalysten erklärten die Regeln, die seit den dreißiger Jahren zum Schutz der Konsumenten eingeführt worden waren, für überflüssig und behaupteten, dass der Konsument nun mündig geworden sei und dass freie Märkte die Preise von selbst senken und den technischen Fortschritt und Innovationen beflügeln würden.

Bald unternahm man auch in den Einzelstaaten Schritte zur Deregulierung. Kalifornien deregulierte als einer der ersten Staaten 1996 die Stromversorgung in der irrigen Annahme, dass der Konkurrenzmechanismus des entfesselten Markts zu einer Preissenkung führen würde. Der Strommarkt wurde in Energieerzeuger und Energiehändler aufgeteilt. Das System ist so angelegt, dass Händler und Erzeuger sich in einer geheimen Auktion auf einen Preis einigen, zu dem die Händler den Strom kaufen. Das Gesetz sah vor, zunächst die Preise um mehr als zehn Prozent zu senken, und legte für eine Übergangszeit bis 2002 einen Höchstpreis fest. Erst danach sollte es einen völlig deregulierten Markt geben.

Die Energieerzeuger, die an niedrigen Preisen nicht interessiert waren, sahen eine Möglichkeit, den Höchstpreis zu kappen, indem sie das Angebot verknappten. Obwohl die Pacific Gas & Electric im Jahr 2000 einen 40-prozentigen Gewinnzuwachs auswies – mit 753 Millionen Dollar den höchsten Gewinn in der Firmengeschichte –, klagt der Stromerzeuger darüber, er stecke tief in Schulden, weil man ihm nicht erlaubt habe, die Preise für Strom an die gestiegenen Preise der Energieerzeuger anzupassen. Statt sie zu reinvestieren, wurden die Gewinne allerdings auf verschiedene Tochterfirmen im Ausland und an die Manager verteilt. Die Stromnetze und die Kraftwerke verkamen unterdessen, soweit sie nicht verkauft wurden. Als die FERC am 18. Juni 2001 schließlich doch die Preisbeschränkungen für zwischenstaatliche Energielieferungen genehmigte und der kalifornische Strommarkt wieder funktionierte, hatten die Stromlieferanten durch die notwendig gewordenen Einkäufe des Gouverneurs in Nachbarstaaten bereits einen großen Sondergewinn eingefahren. Der *San Francisco Bay Guardian* entdeckte Anzeichen dafür, dass die Stromproduzenten sich heimlich abgestimmt hatten, Strom vom Markt zu nehmen, möglicherweise durch gezielte Abschaltung, um so das Angebot künstlich zu verknappen und den Preis anzuheben. San Francisco erhob Klage gegen die dreizehn Anbieter wegen des Verdachts illegaler Preisabsprache. Tatsächlich hatten Lay und andere Stromlieferanten das Angebot mit Programmen manipuliert, die so klingende Namen hatten wie Death Star, Get shorty oder Fat Boy. So hat etwa die Mirant Corp., die seit 1997 im kalifornischen Energiehandel tätig ist, nach Angaben des unabhängigen Systemkoordinators ISO durch Strommanipulationen einen illegalen Sondergewinn von 96,8 Millionen Dollar gemacht. Am 18. Oktober 2002 berichtete die *New York Times*, dass sich Timothy Belden, früher Händler der Enron Corporation, vor dem Distriktgericht in San Francisco schuldig bekannt hat, an der Verschwörung der Stromkonzerne und an der illegalen Manipulation der Preise während der Stromkrise beteiligt gewesen zu sein. Es stellte sich heraus, dass der zugekaufte Strom gar nicht aus den Nachbarstaaten, sondern aus kalifornischer Produktion stammte und daher unter kalifornische Regelungen fallen musste.

Belden hat in den Labors der Bundesenergiebehörde als Forscher begonnen und eine Reihe von Lehrbüchern über den Energiemarkt verfasst. Danach ging er zu Portland General Electric, das von Enron gekauft wurde. Während der kalifornischen Energiekrise leitete Belden eine Abteilung von mehr als hundert Mitarbeitern. »Belden hat nur getan, was von ihm erwartet wurde«, brachte seine Anwältin zu seiner Entlastung vor, denn die »kriminellen Handlungen waren genau die Art, Geschäfte zu machen, die mein Klient bei Enron gelernt hatte« (*New York Times*, ebd.). Nach Ansicht des kalifornischen Staatsanwalts Larry D. Thompson hatte Enron die kalifornische Energiekrise dazu benutzt, »um die Stromkunden im verletzlichsten Augenblick zu seiner Beute zu machen«. Enrons kalifornischer Zweig West Power hatte sofort nach der Deregulierung auch mit der Manipulation der vorgegebenen Preisschemata begonnen. Im Jahre 1999 zog es aus diesen kriminellen Akten 50 Millionen Dollar, im Jahre 2000 500 Millionen Dollar, und im Jahr 2001 stieg dieser Sondergewinn auf 800 Millionen Dollar.

Belden erhielt im Jahre 2001 zwei Provisionszahlungen von fünf Millionen Dollar von Enron. Er hat vor Gericht zugestimmt, 2,1 Millionen Dollar auf ein Konto zu transferieren, das dazu dient, Kalifornier, die zu viel Geld für ihren Strom bezahlen mussten, zu entschädigen. Belden muss mit einer Höchststrafe von fünf Jahren und 250 000 Dollar Strafe rechnen. Aufgrund seiner Auskunftsbereitschaft wird die Strafe jedoch niedriger ausfallen. »Ich wusste«, sagte er vor Gericht, »dass ich falsche Berichte gab, aber ich tat es, weil ich die Gewinne von Enron maximieren wollte.« Der Vorsitzende der FERC, Pat Wood (von Lay seinerzeit an Bush empfohlen), suchte zu relativieren und betonte die Rolle, die eine Trockenheit in Nordwestkalifornien für die Stromknappheit gehabt habe, und das Fehlen von Investitionen bei den Stromversorgern. Doch der Prozess erbrachte, dass die Stromausfälle weder mit einer unerwartet hohen Nachfrage noch mit angeblichen Problemen der Anbieter bei der Reparatur mehrerer Kraftwerke zu tun hatten. Für den kalifornischen Gouverneur Davis jedenfalls kam dieses Geständnis einem Sieg gleich, denn er hatte schon während der Stromkrise gefordert, dass jemand von Enron ins Gefängnis müsse: Für ihn hatte von Beginn an festgestanden, dass hier Manipulation im Spiel war. Beldens Geständnis erlaubt dem Gouverneur, von den beteiligten Stromkonzernen die Rückzahlung der überhöhten Preise zu verlangen, die auf neun Milliarden Dollar veranschlagt werden.

Die Hoffnung der Grünen und der kalifornischen Umweltschutzgruppen, die die Deregulierung in Kalifornien unterstützt hatten, weil sie glaubten, dass dann alternative Energien auf dem freien Markt größere Chancen hätten, haben sich nicht erfüllt. In San Francisco kämpfen sie nach wie vor um die Durchsetzung des Raker-Gesetzes, das die Stadt mit einer eigenen kommunalen Stromversorgung durch einen Staudamm ausstatten würde. Doch dazu benötigen sie politische Mittel, denn der Finanzmarkt lässt sich für grüne Projekte nicht instrumentalisieren, wie John Reed, vormals Chef der Großbank Citicorp, einmal bemerkte: »Die globalen Märkte und großen Kapitalpools haben unseren Zeithorizont verkürzt. Wir leugnen die Existenz von Problemen, die längere Zeitzyklen haben. Ich habe immer das Gefühl gehabt, dass die Zinssätze den Wert der Zeit spiegeln. Wenn der japanische Leitzins Geldbeschaffungskosten von vier Prozent bedeutet, haben Sie 25 Jahre Zeit, etwas zu Ende zu bringen. Wenn der englische Geldpreis zehn Prozent ist, bleiben Ihnen nur zehn Jahre. In den unterentwickelten Teilen der Welt sind die Geldbeschaffungskosten sehr hoch, mit Zinssätzen von vielleicht 30 oder 40 %. Die Rettung der Regenwälder am Amazonas ist ein Problem von 40 Jahren und daher ein Luxus, den man sich unter diesem Geldsystem nicht leisten kann.« (Sampson 1990:29)

## Enrons Indien-Geschäfte

Eines der ehrgeizigsten Projekte von Rebecca Mark war der Plan zur Errichtung einer Energieanlage im nordindischen Dabhol. Dieses Projekt einer Naphta- und einer Flüssiggasanlage war das größte einzelne ausländische finanzielle Engagement in Indien, das je getätigt worden war und übertraf alle ausländischen Investitionen der vorangegangenen 15 Jahre. Der Bau sollte 2,9 Milliarden Dollar kosten, beteiligt waren Bechtel und General Electric. Obwohl die Weltbank sich gegen das Projekt aussprach und lokale Umweltschutzgruppen dagegen Sturm liefen, konnte Mark es durchdrücken. 1993 hatte sie die Unterschriften der indischen Regierung beisammen, in denen sich Indien verpflichtete, Enron zwanzig Jahre lang jährlich 1,3 Milliarden Dollar zu bezahlen. Indien würde Enron und seinen Partnern also neunmal so viel zurückzahlen, wie das Werk kostete. Auch Preiserhöhungen und Kosten aus dem Betrieb sowie den Energietransport sollte Indien übernehmen. Der Vertrag war in Dollar ausgestellt, und Enron, Bechtel und GE waren dadurch von den Abwertungsproblemen der Rupie befreit. Es war ein Vertrag, bei dem Enron nicht verlieren konnte. Die Rechnung war, dass eine wachsende, gut ausgebildete Bevölkerung auch eine wachsende Stromnachfrage bedeutet. Indien hat Kohlebergwerke, aber Mark war überzeugt, dass Indien mit Erdgas auch eine neue Energie benötige.

Dass die Inder die teure Energie nicht kaufen wollten, sickerte schließlich irgendwann doch durch. Enron hatte Indien versprochen, sich um eine billigere Erdgaslösung zu bemühen, sobald das Werk fertig gebaut war. Das Flüssigerdgas, das ursprünglich vorgesehen war, sollte aus Qatar bezogen werden, wo Enron ein Joint-Venture mit einer staatseigenen Gasgesellschaft hatte. Dabhol war ursprünglich geplant worden, um sichere Abnehmer für das Qatar-Gas zu haben. Aufgrund der sinkenden Gaspreise aber lohnte sich der Transport nicht mehr, und man suchte nach einer günstigeren Quelle für Flüssiggas. Die Lösung war, Erdgas aus den Gebieten am Kaspischen Meer zu beziehen. Unocal hatte eine Pipeline bis Multan geplant und Verträge unterzeichnet, es fehlte nur noch die Zustimmung der afghanischen Regierung. Clinton verhandelte mit der Taliban-Regierung, die auf einem höheren Durchleitungsbetrag bestand und darauf, die Pipeline selbst auch benutzen zu dürfen, und von den Amerikanern Hilfe für den Aufbau der durch den langjährigen Krieg gegen Russland zerstörten Infrastruktur verlangte. Unocal lud eine Taliban-Abordnung nach Houston ein; ein Bericht über diesen Besuch erschien im Londoner *Daily Telegraph*: Mullah Mohammed Ghaus besuchte mit seiner Abordnung den Zoo von Houston, den Omaha Super Target-

Markt und das NASA-Raumfahrtzentrum. Präsident Martin Miller von Unocal lud zum Essen ein, die Afghanen bewunderten das Schwimmbassin, den Golfplatz und die sechs Badezimmer im Haus von Miller und waren vom Weihnachtsbaum fasziniert. Sie erkundigten sich lebhaft, wozu er diente. Nachdem sie sich am ersten Tag noch sehr steif und unzugänglich gegeben hatten, tauten sie am zweiten Tag auf und wurden sogar fröhlich. Man führte sie herum, zeigte ihnen im Nebraska-University-Zentrum für afghanische Studien, das von Unocal gesponsert worden war, eine Sammlung seltener afghanischer Bücher, doch es wurde rasch deutlich, dass die Mitglieder der Abordnung nicht lesen konnten. Die dort beschäftigte Exilafghanin Ahaista Wahab wurde nicht rechtzeitig gewarnt, sodass es zu jener unvorhergesehenen Begegnung kam, bei der die Taliban-Männer um Ghaus sich angesichts einer Frau brüsk umwandten.

Die Verhandlungen mussten schließlich abgebrochen werden, weil die amerikanische Frauenbewegung eine Kampagne gegen die Unterdrückung der Frauen durch die Taliban initiierte und Druck auf die Regierung Clinton ausübte. Als Osama bin Laden in Ostafrika amerikanische Botschaften in die Luft sprengte, befahl Clinton einen Bombenangriff auf afghanische Ziele, den man als Ablenkungsmanöver von der Monika-Lewinsky-Affaire auslegte. Unter Präsident Bush wurde bis August 2001 erneut ergebnislos verhandelt. Am 2. August 2001, fünf Wochen vor dem Attentat auf das World Trade Center, fand das letzte Treffen zwischen dem Taliban-Botschafter und Christine Rocca, der Südostasienbeauftragten der US-Regierung, statt. Die Taliban, die bis zuletzt von den Amerikanern umfangreiche finanzielle Unterstützung für ihre Maßnahmen gegen den Opiumhandel erhielten, hatten ihre Forderungen nicht zurückgeschraubt. Doch die Amerikaner weigerten sich, die Pipeline auch für den afghanischen Bedarf zu öffnen und Geld in die afghanische Infrastruktur zu stecken. Die letzte Begegnung endete mit der in der Presse vielfach zitierten Drohung: »Wir werden euch in Gold oder in Bomben hüllen.« Damit waren die Verhandlungen endgültig gescheitert.

Für Enron bedeutete das Ende der Verhandlungen auch das Ende des Dabhol-Projekts. Dabhol hatte in der ersten Phase Verluste gemacht, und die Anlage war seit Mai 2001 abgeschaltet. Die Inder hatten sich geweigert, den Strom zu bezahlen, und Enron stand vor der Entscheidung, das Werk zu schließen, um weitere Verluste zu vermeiden. Indien bestand auf Neuverhandlungen, weil der Preis sich als zu hoch erwies und auch der Strom, den das Werk selbst lieferte, zu teuer war. Bush hatte Enron bei der Deregulierung geholfen, er half ihm auch im Ausland. Während eines Treffens von Vizepräsident Cheney mit der Oppositionsführerin Sonia Gandhi brachte er auch den Fall Dabhol zur Sprache. Colin Powell, der amerikanische Außenminister, sprach das Thema gegenüber dem indischen Außenminister Singh an und drohte, dass es abschreckende Wirkung auf weitere Investoren haben würde, wenn dieses Problem nicht gelöst würde. Christine Rocca und der amerikanische Botschafter in Indien trugen den Fall ebenfalls indischen Politikern vor. Lay sagte in einem Interview mit der *Financial Times*, dass die US-Gesetze weitere Hilfe an Indien verbieten würden, wenn sie amerikanisches Eigentum enteigneten. Indien wurde zu jener Zeit ebenso wie Pakistan von den Amerikanern mit Sanktionen belegt, weil es 1998 eine Atombombe gezündet hatte. Die Amerikaner waren jedoch gerade dabei, die Beziehungen wieder zu normalisieren – Lays Interview kam daher ziemlich ungelegen. Lays Versuche, doch noch etwas Geld aus dem Projekt zu retten, drückten sich nicht nur in solchen Drohungen aus, sondern auch in einem Brief an den indischen Premierminister, in dem er auf der Zahlung der Summe von 2,3 Milliarden Dollar bestand. Im Dezember 2001 wurde Dabhol aufgegeben, die letzten 300 indischen Mitarbeiter entlassen und ein Antrag auf Auszahlung der Versicherungssumme von 200 Millionen Dollar bei der amerikanischen Bürgschaftsinstitution OPIC gestellt. Die amerikanischen Steuerzahler sollten das Scheitern der Globalisierungsstrategie der Firma Enron ausgleichen. Dann meldete Enron Konkurs an.

Nach dem Ende des Afghanistankriegs ernannte Bush den afghanischen Berater der Ölfirma Unocal, Zalmay Khalilzad, zum amerikanischen Sonderbeauftragten für Afghanistan. Khalilzad wurde Berater des afghanischen Präsidenten und Mitglied des afghanischen Sicherheitsrats, verantwortlich für die Einsetzung einer Nachfolgeregierung. Am 8. Februar 2002 verkündeten Präsident Hamid Karzai und Pakistans Präsident die Wiederaufnahme der Planungen für eine Pipeline. Turkmenistan gab am 9. Februar bekannt, dass es davon ausgehe, dass die Afghanistan-Pipeline nach Multan nun gebaut werden könne.

## Politische Kampagnen

Enrons Geschäfte waren von der amerikanischen Politik abhängig – von Ausnahmeregelungen für Börsengeschäfte, der Deregulierung des Energiemarktes und dem außenpolitischen Schutz für seine Geschäfte mit den Ressourcen Wasser und Öl. In seiner Art, Geschäftsbeziehungen im Rahmen politischer Netzwerke zu knüpfen, trat Lay in die Fußstapfen seines Vorgängers bei InterNorth, Bob Herring, dessen Villa er übernahm und dessen Stil des Umgangs mit Politikern und einflussreichen Personen er erfolgreich kopierte. Mit der Familie Bush hatte er nicht erst seit 1984 zu tun, als er von George W. Bush 1984 einen Liefervertrag übernahm, der dessen Geschäften etwas aufhalf. Mit Bush senior pflegte Lay schon seit 1980 engere Kontakte. Lay diente Bush, bis dahin CIA-Chef unter Reagan, als Fundraiser für seine Kandidatur als Präsidentschaftskandidat der Republikaner. Als Bush unter Reagan Vizepräsident geworden war, revanchierte er sich als Vorsitzender der Deregulierungskommission, indem er dazu beitrug, den amerikanischen Gasmarkt im Sinne von Lays Ambitionen neu zu regeln. Lay finanzierte eine ganze Reihe von konservativen Republikanern, darunter Henry Kissinger, der sieben Jahre von Enron Geld bezog, weil er als Türöffner für den chinesischen Markt galt, und der Texaner James Baker III, der unter Reagan Finanzminister war und sich als Glücksfall erwies, weil er Lay durch seinen persönlichen Einsatz sehr dabei half, nach dem Golfkrieg in Kuwait ins Geschäft einzusteigen, und ihm die Märkte Turkmenistan, Türkei und Qatar politisch öffnete. Lay genoss das Privileg, im Weißen Haus übernachten zu dürfen, und ließ Bush seinerseits Enrons Firmenfluglinie nutzen. Durch Bush lernte Lay Gorbatschow, Margaret Thatcher und andere Größen der Weltpolitik kennen. Lay hatte auch den Sohn, George W. Bush, mit 12 500 Dollar in seinem Wahlkampf in Texas 1994 unterstützt, und Enrons zweiter Mann, Rich Kinder, wurde dessen Wahlkampffinanzleiter. Insgesamt gab Lays Firma Enron 146 500 Dollar in diesem Wahlkampf allein für George W. Bushs Kandidatur zum Gouverneur von Texas aus, siebenmal so viel wie für die Demokraten – und doch sollte George Bush junior nach Enrons Bankrotterklärung sieben Jahre später behaupten, Enron habe Ann Richards im Wahlkampf 1994 unterstützt. Mit einem bankrotten Unternehmen wollte er nicht identifiziert werden. Lay schrieb Bush junior Briefe zu Fragen der Energiepolitik und machte Vorschläge für die Besetzung wichtiger Posten. Auf Lays Rat hin wurde Pat Wood zum Vorsitzenden der Energiekommsision von Texas und später der Bundesbehörde für die Energieaufsicht FERC bestellt. Bush setzte kurz nach seiner Wahl ein Komitee zur Steuerreform ein, mit dem Ziel, Eigenheimbesitzer zu entlasten und zugleich neun Prozent mehr Steuern zu erhalten. Kinder, der zweite Mann von Enron, war Mitglied der Kommission. Sie stellten einen Plan auf, der die kapitalintensiven Industrien wie Erdgas- und Petrochemie entlasten und Dienstleister wie Ingenieurbüros, Ärzte und Anwälte stärker belasten würde. Er hätte 9 Millionen Dollar Steuerersparnis für Enron bedeutet – aber der Plan scheiterte im texanischen Parlament. Enron gab in den letzten zehn Jahren sechs Millionen Dollar für politische Kampagnen aus; drei Viertel davon gingen an die Republikaner, ein Viertel an die Demokraten. Enrons Arbeit war nur aufgrund der politischen Ausnahmeregelungen und der Deregulierung des Energiemarktes möglich. Es war Lay, der dem Vizepräsidenten Richard Cheney die Energierichtlinien diktierte.

Enron bezahlte auch bekannte Journalisten und politische Kommentatoren großzügig als Berater. Sogar der Ökonom Paul Krugman bekam Geld von Enron, als er für *Fortune* schrieb und das Unternehmen lobte, bis er eines Tages diese Bezahlung freiwillig enthüllte und Enrons Medienpolitik ernsthaft kritisierte. Willliam Kristol vom *Weekly Standard* erhielt 200 000 Dollar im Jahr, und auch Irwin Steltzer, der häufig im *Weekly Standard* schreibt und Enron lobte, stand ebenso wie Lawrence Kudlow vom Sender *CNCB* auf der Gehaltsliste.

Schmiergeld spielte für Lay auch eine wichtige Rolle bei der Verwirklichung seines globalen Konzepts. Enron sollte zum größten Konzern der Welt werden: Wer die amerikanische Regierung kaufen kann, der sollte auch in der Lage sein, die europäischen Regierungen in die Tasche zu stecken. Die britische Labour-Regierung jedenfalls, die 1997 alle Gaskraftwerksplanungen gestoppt hatte, um die heimische Kohle zu fördern, konnte sich der Macht Enrons nicht entziehen. 38 000 Pfund an Parteispenden, Dinnerpartys für 15 000 Pfund und die Einladung Tony Blairs als After Dinner Speaker beim Enron-Abendessen waren dem Konzern der Zugang zu britischen Kabinettsmitgliedern wert. Und auch hier gewann Enron das Spiel: Es bekam von Blair grünes Licht für den Gaskraftwerkbau in England. Welche europäischen Regierungen und EU-Institutionen hat Enron noch bestochen? Wir wissen es bislang nicht.

## Das Ende

Lay startete keine einsamen Überraschungsangriffe wie die Firmenpiraten. Er gehörte zu einem neuen, smarten Typus, undurchschaubar und liebenswürdig zugleich. Als Mitglied der »guten Gesellschaft« Houstons nutzte er seine Verbindungen zur Politik, um ein für seine Geschäfte günstiges Umfeld zu schaffen. Zusammen mit seinem Unternehmensberater Arthur Andersen gab er bis zum Jahr 2001 für Wahlkampfhilfen und die Unterstützung von politischen Parteiinitiativen, die der Deregulierung dienten, 26 Millionen Dollar aus. Lay ließ sich als Innovator und Neuerer der Firmenkultur und des elektronischen Handels feiern, aber auch ihm ging es nicht um die

Schaffung neuer Werte. Enron lebte von der Zerstörung bestehender Märkte, mischte sie auf und schuf mit Hilfe der strategischen Berater von McKinsey und Arthur Andersen unter Nutzung des Internets einen Dschungel von immer neuen, schwer zu durchschauenden Verbindungen, aus denen seine Firma reale und virtuelle Profite zog. Lay benötigte die Politik, und sein gutes Verhältnis zur Bush-Familie zahlte sich mehrfach aus. Enron machte Geschäfte mit Gas, Strom, Wasser und Öl und suchte sich auch bei der Windenergie zu positionieren. Auch in Deutschland gelang es Enron nach der übergangslosen Deregulierung unter der Regierung Kohl, zusammen mit Mirant, der Nummer drei des amerikanischen Stromhandels, 35% des Stromhandels zu kontrollieren. Enron entwickelte ausgeklügelte Finanzhandelsverträge, die Beobachter immer wieder zu beeindrucken vermochten, kreierte Bilanzen in einer neuen, unbekannten Sprache und vermarktete seine zahlreichen abenteuerlichen Projekte als »neue Ökonomie«. Durch Transfer von Schulden auf Firmen, die in der Bilanz nicht als Gründungen des Enron-Managements erkennbar waren, kaschierte die Firma die Verluste, die diese Projekte ihr bescherten. Viele Anleihen, die nicht in den Bilanzen auftauchten, waren durch Enron-Aktien gedeckt, die zugleich als Vermögensaktiva aufgelistet wurden. Enron täuschte damit die Aktionäre, die nicht erfuhren, dass ihre Aktien dadurch an Wert einbüßten. Kryptische Verlautbarungen lösten in Analystenkreisen Skepsis und Misstrauen aus und ermutigten nur die auf Kurssteigerungen spekulierenden Kurzfristanleger. Durch den der Öffentlichkeit auf allen Kanälen präsentierten Anspruch, der führende Innovator der Firmengeschichte zu sein, gelang es Lay lange Zeit, in seiner Finanzberichterstattung zu blenden und Form über Substanz zu setzen. Lays Buchhaltung blieb obskur, und unter manchen Analysten waren Enron-Aktien tabu, weil sie die Bilanzen schlicht nicht verstanden. Lay legte auch keinen Wert darauf. Wichtig war ihm jedoch, dass die Journalisten auf seinen Bilanz-Pressekonferenzen die entscheidenden Botschaften von der Wertsteigerung seiner Aktien und den ertragreichen Synergieeffekten auf Enrons Weg zur Expansion notierten, die seine Öffentlichkeitsarbeiter unentwegt verbreiteten. Damit gelang ihm die gewaltige Wertsteigerung seiner Aktien bis zum Höhepunkt des Jahres 2000, als der Gewinn eine Milliarde Dollar betrug und der Umsatz Enron als siebtgrößtes Unternehmen der USA auswies. Die Aktien stiegen auf 90 Dollar, und der Marktwert Enrons betrug 70 Milliarden Dollar.

Dass auch Lays Mitarbeiter seine Bilanzen nicht verstanden, dafür sorgte Skillings Personalpolitik, nach dem Rezept des Unternehmensberaters McKinsey ständig junge, unerfahrene Hochschulabsolventen anzuwerben, die begeistert waren, dass sie ohne jede Anleitung völlig frei arbeiten konnten. Diese Jungstars, von denen 20 % jährlich in immer neue Positionen befördert wurden, hatten aufgrund dieses rasanten Umschlagtempos wenig echte Chancen, das System, in dem sie steckten, zu durchschauen. Sie hatten auch wenig Grund, genauer nachzufragen, denn sie verdienten mehr Geld, als sie als Anfänger unter normalen Umständen hätten erwarten dürfen. Enron hatte seit 1996 keine Steuern mehr bezahlt, indem es Gewinne in seine Niederlassungen im Ausland verschob und Verluste in die USA – und Wall Street war davon nicht irritiert, sondern angetan.

Die Großinvestitionen, die Enron in der ganzen Welt tätigte, waren bald nur noch Investitionsruinen – Enron verlor insgesamt etwa zehn Milliarden Dollar im Breitbandkabelprojekt, in einer brasilianischen Fabrik, im Azurix-Wasserprojekt und in Dabhol. Trotzdem waren die Aktien stets auf »Kauf empfohlen« oder sogar »Kauf besonders empfohlen« gesetzt. Enron, das seine Geschäfte mit seinen eigenen, aufgeblasenen Aktien und Optionen abgesichert hatte, geriet schließlich doch ins Trudeln. Skilling, der diese Handelsstrategie vorangetrieben hatte, trat im August zurück, und als im Oktober der Quartalsbericht von Enron herauskam und einen Verlust von 618 Millionen Dollar auswies, sanken die Aktienkurse. Schließlich musste Enron falsche Gewinnangaben für die Jahre 1997 bis 2001 zugeben und 2,5 Milliarden Dollar Schulden eingestehen. Die Firma verlor Kunden und meldete im Dezember 2001 Konkurs an nach dem amerikanischen Chapter 11, das die Weiterführung der Geschäfte mit strengen

Auflagen ermöglicht. Die Aktionäre haben Enron inzwischen wegen Verlusten in Höhe von 32 Milliarden Dollar angeklagt.

Die Händler wurden weiterbeschäftigt, und einige von ihnen bekamen sogar noch erhebliche Bonusbeträge von Lay ausbezahlt, die Arbeiter dagegen verloren nicht nur ihre Stellen, sondern, schlimmer noch, auch ihre Altersruhegelder, weil die meisten ihr Geld in Aktien der eigenen Firma gesteckt hatten. Enron-Aktien waren jedoch nur noch Pfennige wert. Die Führungsriege hatte den Mitarbeitern zum Kauf weiterer Aktien geraten, während sie selbst alles daransetzte, ihre Enron-Aktien so rasch wie möglich zu verkaufen. Die Mitarbeiter von Enron stehen vor einem freudlosen Alter, denn die Altersvorsorge beruht in den USA zu 90 % auf privat angelegtem Geld. Als die kalifornische Senatorin Barbara Boxer 1997 ein Gesetz einbrachte, das die Anlage von Pensionsersparnissen auf höchstens zehn Prozent einer einzigen Aktiengesellschaft begrenzen sollte, ließen konservative Politiker das Vorhaben scheitern.

Die Lektion, die die Jungstars der Welt erteilen wollten, fiel schließlich anders aus, als sie gedacht hatten. Die Amerikaner waren schockiert, nicht, weil der einstmals große und zuverlässige Energiesektor willkürlich zerstört worden war, sondern weil der Traum von der neuen Ökonomie, den sie atemlos und ungläubig verfolgt hatten, sich als Täuschung und Betrug erwiesen hatte.

Die Geschäfte von Unternehmen wie Enron beruhten auf Kriminalität in großem Stil: Scheingeschäfte mit Firmen, die von Strohmännern geführt wurden, gaukelten hohe Umsätze vor, Schulden wurden auf mehr als 3500 Firmen übertragen, die vom Finanzmanager von Enron, Andy Fastow, als Partnerschaften gegründet worden waren und den Vorteil hatten, nicht zur Vorlegung öffentlicher Bilanzen verpflichtet zu sein. Mit Hilfe dieser Partnerfirmen schleuste Fastow hunderte von Millionen Dollar in Steueroasen und ermöglichte es dadurch den Managern von Enron, enorme private Vermögen anzuhäufen. Diese Bilanzfälschungen wurden jahrelang nicht bemerkt, weil die Mitspieler in den Buchhaltungsprüfungsgesellschaften saßen. Noch im Februar 2001 erklärte Arthur Andersen, dass die Bücher von Enron ordentlich geführt würden. Die demokratischen Kontrollen waren systematisch ausgehebelt worden, die Politik war gekauft, und die Medien waren entweder auch gekauft oder einfach nur geblendet vom Glanz und Reichtum des Lebensstils einer neuen sozialen Elite. Eine arrogante Firmenkultur und das Gruppencharisma der Berater schüchterten selbst Profis ein und hielten sie davor zurück, die verdächtige Praxis zu kritisieren. In leicht verächtlichem Ton wurden Journalisten und Kritiker zurechtgewiesen, die dieses Charisma zu hinterfragen wagten. Berühmt wurde der Ausspruch von Enron-Chef Jeffrey Skilling in einer Pressekonferenz, der einen Analysten, der ihn nach der Cash-Situation fragte, mit einem groben »*asshole*« beschied.

Nach den Konkursen wird für alle sichtbar, dass die Rhetorik der »neuen« Ökonomie nichts anderes war als ein Mittel der Einschüchterung, das zum Habitus der Wall-Street-Stars gehörte: Damit pokerten sie so lange erfolgreich, dass schließlich viele glaubten, die Gesetze der Ökonomie würden nicht mehr gelten. Ehrgeiz und Habgier förderten die Bereitschaft zu Lügen und kriminellen Handlungen im großen Stil, und der Gruppenzwang machte es schwer, aus einem Spiel herauszutreten, bei dem einige sehr viel Geld verdienten. Entscheidend aber war, dass die Politik mitspielte, die in die Hand von radikalen Ideologen wie Ronald Reagan und Margaret Thatcher gefallen war: Die Ideologie des Marktes, von einer Reihe von konservativen amerikanischen nobelpreisgekrönten Ökonomen zum Dogma erhoben, war zum obersten Glaubensartikel der Globalisierer und Deregulierer geworden und wurde mit missionarischem Eifer überall verbreitet.

# 11 Europäische Visionen

Wie sehen die transnationalen Akteure der neuen Dienstleistungsklasse selbst die Zukunft Europas? Dazu hat Vernon Ellis, leitender Direktor der Beratungsfirma Accenture (ehemals Arthur Andersen Consulting) für Europa, Nahost, Afrika und Indien, einige aufschlussreiche Hinweise geliefert.

Ellis hat drei Szenarien für das Jahr 2008 herausgearbeitet, die für die Unternehmen jeweils eine andere Zukunftseinstellung erforderlich machen. Die Szenarien richten sich zunächst hauptsächlich an die Berater selbst, damit sie sich zum einen rechtzeitig auf alle drei Szenarien vorbereiten können, zum andern aber ihre Aktivitäten und ihre Überzeugungsarbeit auf die Verwirklichung jenes Modells richten, das für die Berater das beste ist (Ellis 1998).

## 1. Szenario: Das deregulierte Europa

*Unternehmenslandschaft:* Ellis rechnet damit, dass dank des Europäischen Kommissars für Wettbewerb im Jahre 2008 in Europa alle Märkte dereguliert und mit Post, Telefon, Energie und Verkehr alle öffentlich kontrollierbaren Institutionen privatisiert sind. Die Europäische Union wird zum »Herzstück des freien Unternehmertums« und Europa zum favorisierten Standort für schlanke Unternehmen geworden sein, die schnell auf Veränderungen reagieren können. Fusionen und Übernahmen werden den multinationalen Unternehmen erhebliche Größenvorteile verschafft haben, daneben werden in Nischenmärkten noch ein paar kleine, innovative Unternehmen gedeihen.

*Arbeit:* Der Einfluss des angloamerikanischen Kapitalismus hat das europäische System der Arbeitsbeziehungen unterminiert. Die Arbeitsmärkte haben sich dramatisch verändert, und unter den Beschäftigten greift die Unsicherheit um sich. Kurzfristige Verträge, Teilzeitarbeit und Gelegenheitsarbeit nehmen gewaltig zu. Mit der Behauptung, dass die Kosten der Arbeitskräfte für die Firmen eine Last im globalen Wettbewerb bedeuten, hat die EU die Deregulierung der Arbeitsmärkte durchsetzen können.

*Kultur, Bildung:* Ellis hat auch Vorstellungen über das europäische Kulturleben im Jahre 2008 entwickelt: Die führenden kulturellen Kräfte werden Individualismus und Unternehmergeist sein. Die Unternehmen werden sich ihrer gesellschaftlichen Verantwortung bewusst, insbesondere, wenn es Themen mit hohem Medienrisiko betrifft wie den Umweltschutz. Da der Staat freilich nur noch wenig Steuern einnehmen wird – die Unternehmen zahlen weniger, die Arbeitnehmer werden verarmt sein, und die Versorgungsbetriebe werden den Kommunen nach der Privatisierung kein Geld mehr in die Kassen bringen –, rechnet Andersen Consulting damit, dass die Bildung in staatlicher Hand nicht mehr dem erforderlichen Standard entsprechen wird. Die Unternehmen müssten sie daher selbst in die Hand nehmen, wie es der Multi Unilever bereits in Amsterdam mit seiner Wirtschaftshochschule vormacht.

*Loyalität:* Die Unternehmen werden sich nur noch auf die Rendite konzentrieren, die erhöhten Ansprüche an schnelle Rendite werden die Geschäftsbeziehungen destabilisieren und zum Abbruch langfristiger Beziehungen führen. Durch den verstärkten Druck, Erträge zu schaffen, würde auch die Funktion der Kontrollsysteme durch die Kapitalgeber im Aufsichtsrat in Mitleidenschaft gezogen.

*Migration:* Einwanderung wird nicht länger als Lösung der demographischen Probleme einer alternden Gesellschaft und als Mittel zur Behebung des Facharbeitermangels angesehen werden. Die Problematik dieser Politik zeigt sich insbesondere an der Verschärfung sozialer Konflikte.

*Märkte:* Der Mittelstand wird sich aufgelöst, die Märkte werden sich differenziert haben: Man wird die Einkaufszonen sozial deutlicher unterscheiden können, denn das Ende der Nivellierung wird sich in einer klaren Trennung in Märkte für hohe und für niedrige Einkommen bemerkbar machen – Massenware für die Armen und Qualitätsware für die Reichen. Die Aufgabe für die Unternehmen besteht also darin, sich entsprechend des von ihnen zu bedienenden Marktsegments heute schon zu positionieren.

Die Erweiterung der EU hat die Ressourcenbasis erweitert und den Konsumentenmarkt ausgedehnt. Viele Betriebe verlagern ihre Betriebe nach Osteuropa. Auch die großen US-Konzerne werden sich mit den osteuropäischen Unternehmen zusammenschließen und von dort aus den westeuropäischen Konzernen Konkurrenz machen.

*Volatilität:* Die Bindungen der Unternehmer an den eigenen Betrieb werden vollständig abgebaut sein und spielen aufgrund der Verlagerung der Entscheidungskompetenzen auf die Finanzmanager keine Rolle mehr. Das klassische rheinische wie auch das französische »Insidersystem« der Kontrolle sind destabilisiert, die Pensionsfonds haben auf die Geschäftsstrategie einen starken Einfluss gewonnen.

*Staat:* Die Ära des Staates ist vorüber, die politische Macht ist auf die EU-Institutionen übergegangen. Doch die Europäische Union ist kein Wohlfahrtsstaat, sondern ein Nachtwächterstaat geworden. Die Abteilung DG XXV des mächtigen Kommissars für das Wettbewerbsrecht, auch bekannt als Kommissar für Marktfreiheit, hat sich durchgesetzt bei der Frage der Privatisierung öffentlicher Betriebe. Die europäische Regierung hat nur noch für die polizeiliche Einhaltung der Eigentumsordnung zu sorgen, den Rest regelt der freie Markt bzw. das, was von ihm übrig geblieben ist – die multinational organisierten Großkonzerne.

Unabhängig davon, dass Firmen wie Andersen Umweltprobleme offenbar nur als Medienrisiken betrachten und Individualismus und Unternehmergeist für Kulturkonzepte halten, muss man Ellis' Studie einen größeren Weitblick zugestehen als den meisten anderen gängigen Zukunftsszenarien. Dabei kommt ihm das Verdienst zu, mit scharfem Blick nicht nur jene Elemente herauszufiltern, die sich in der

Globalisierungseuphorie gut verkaufen lassen, sondern auch deren Schattenseiten beschrieben zu haben: Die Vergrößerung der Kluft zwischen Arm und Reich bleibt nicht ohne Folgen für den Zusammenhalt der Gesellschaft und erweist sich, wie aus der Studie in aller Konsequenz hervorgeht, als Segregationsmoment: Es verhindert die Möglichkeit der Zivilgesellschaften, zu einer Weltgesellschaft zusammenzuwachsen, wie sie in den Globalisierungstheorien ausgemalt wird. Den Zerfall des Mittelstands kann man bereits beobachten: In den USA hat sich der Mittelstand bereits stark gelichtet, und in England und in Deutschland zeigen die Statistiken einen gleichartigen Trend – die Verteilungskurve hat sich nach links bewegt. Das heißt, die Einkommen der oberen Schichten sind gestiegen, während die der mittleren und unteren Schichten gesunken sind. Das hat Folgen für die gesellschaftlichen Bindungen, nicht nur in den Betrieben für die Arbeiter und die Manager, sondern auch für die familiären Bindungen, die Freundeskreise und die nachbarschaftlichen Kontakte, die mit bestimmten Lebensstandards zusammenhängen.

Die Bindungen in den Unternehmen sind mit der Einführung von befristeten Arbeitsverträgen für ein Drittel der Beschäftigten bereits stark geschwächt, und die Auflösung der Deutschland AG, die die Medien bereits seit längerem verkünden, würde die Tendenz der Auflösung der Bindung der Unternehmer an ihre Belegschaften, ihre lokalen Betriebe und ihren Staat weiter verstärken.

## 2. Szenario: Das aufgeklärte Europa

Was aber könnte die Zukunft der neuen globalen Welt aufhalten?

An die Zwangsläufigkeit von ökonomischen Entwicklungen scheinen in Deutschland nicht wenige Sozialwissenschaftler und Politiker zu glauben. Doch es gibt in der Geschichte nicht einmal ökonomische Zwänge, die mit systematischer Logik ablaufen. Das weiß Vernon Ellis sehr genau, denn er ist sich nicht so ganz sicher, ob sich dieser *best case*, das optimale Zukunftsszenario für seine Klienten, erfüllen wird. Deshalb hat Ellis ein zweites Szenario entwickelt, das er *Conscience Europe* (das aufgeklärte Europa) nennt. Es geht vom *worst case*, vom schlimmsten Fall für die Berater, aus. Dieser tritt nämlich ein, wenn die politischen Institutionen Europas sich von den ökonomischen Kräften emanzipieren. Das angelsächsische Modell hat seinen Einfluss eingebüßt, und der europäische Staat ist ein machtvolles Instrument geworden, nachdem sich die europäischen Staaten enger zusammengeschlossen und unter der Devise einer neuen Philosophie des »vierten Weges« zu einem starken Wohlfahrtsstaat entwickelt haben, in dem die bisherigen *free rider*, die Trittbrettfahrer der ungleichen Verhältnisse, die Steueroasen und Niedriglohnländer verschwunden sind. In diesem neuen Europa werden Fusionen und Übernahmen genauestens auf ihre Wettbewerbsaussichten und auf ihre Beschäftigungsauswirkungen hin überprüft. Die Arbeitskosten werden gestiegen sein und die Löhne sogar über der Inflationsrate liegen. Die Betriebe zahlen hohe Steuern, so weit sie nicht zur Sicherung der Beschäftigung davon ausgenommen sind. Hohe Sozialabgaben und strenge Auflagen in Bezug auf den Arbeitsschutz und die Gesundheitsverträglichkeit der Produkte zwingen die Unternehmen dann, innerhalb eines stark kontrollierten Umfelds zu agieren. Aufgrund hoher öffentlicher Investitionen wird es für die Unternehmen überlebensnotwendig, sich an den staatlichen und regionalen Ausschreibungen für Infrastruktur, Ausbildung und Forschung zu beteiligen.

In den Augen der Beraterfirma handelt es sich hier um ein düsteres Bild der Zukunft für ihre Firmenkunden, das allerdings durch zwei Faktoren ein wenig aufgewertet wird: Berater, Anwälte und Politikexperten werden überall gebraucht, um die Firmen in ihrer neuen Rolle als Mitglieder einer interaktiven Bürgergesellschaft zu beraten. Als Vorteil sieht Ellis auch das stabile politische Umfeld: Die hohen Kosten für Überwachung, die in Betrieben, Einkaufszonen und in den Wohnvierteln des Führungspersonals im ersten Szenario auftreten, sind geringer oder fallen ganz weg. Ein hohes Maß an sozialer Sicherheit ist auch für die Firmen nicht unwichtig. Die Unternehmen neigen wieder zu einer langfristigen Planung, zu dauerhafteren Lieferantenbeziehungen und setzen ihr Kapital wieder für nachhaltige und langfristige Investitionen ein, um nachhaltige und langfristige Renditen zu erzielen. Mitarbeiter werden dann nicht mehr als Kostenfaktor, sondern als Anlagevermögen betrachtet, und die Firmen suchen mögliche Beschäftigungsrisiken zu meiden. Eine solche Entwicklung wird eine große Mittelklasse entstehen lassen, und durch die strengen Vorschriften für Produkte würden homogene Märkte entstehen, die zwar eine kleinere Auswahl von Konsumgütern anbieten werden, die jedoch in der Qualität solide und gesundheitlich unbedenklich sein werden. Der Nachteil, den Ellis in dieser möglichen Entwicklung zu einer demokratisch kontrollierten »Festung Europa« sieht, ist die Isolation des Kontinents gegenüber Innovationen, die von außen kommen.

### 3. Szenario: Patchwork-Europa – Europa als Flickenteppich

Ellis hat neben diesen beiden Szenarien noch ein drittes ausgearbeitet, das er »Patchwork-Europa« nennt. Dieses Szenario spielt mit dem Gedanken, dass die europäischen Regionen eine unterschiedliche Entwicklung nehmen. Starke regionale Gremien, Stadtstaaten und grenzüberschreitende Gruppierungen betreiben hier eine eigene Politik, unabhängig von den Regierungen ihrer Nationalstaaten. Die europäische Regierung ist schwach, und während in einigen Ländern der Euro noch gilt, kann man in anderen nichts mehr mit ihm anfangen. Einige dieser Regionen sind streng protektionistisch, andere fördern aggressiv die freie Marktwirtschaft, wieder andere treten für Partnerschaften zwischen öffentlich-rechtlichen Institutionen und privaten Firmen ein, und einige drohen bereits mit dem Austritt aus der EU, weil der Streit um die Einzahlungen und Auszahlungen sich verstärkt hat. Große Unternehmen, die durch die Öffnung eines europäischen Markts große Vorteile vor ihrer Konkurrenz hatten, weil sie ihre Kapazitäten nun überall einsetzen konnten, ohne besondere Regionalkenntnisse und gesondert geschultes Personal zu benötigen, sehen sich in diesem heterogenen Raum eines Europas »der 20 Geschwindigkeiten« eingeschränkt. Sie können sich nur dadurch organisieren, dass sie an verschiedenen Orten mit einer unterschiedlichen »Identität« auftreten: Die intelligenten Firmen sind multilokal geworden, das heißt, sie erwecken an jedem Ort den Eindruck, dass sie sich »besonders für diesen Ort engagieren«. Die verschiedenen Identitäten müssten somit »zu der jeweils vorherrschenden politischen und Konsumentenkultur passen: Wo die politische Kultur ungezügelten Kapitalismus favorisiert, werden sich die Unternehmen ohne besondere Außendarstellung engagieren können. Aber an anderen Standorten müssen sie sich profilieren als Sponsoren für Gemeindeinitiativen, mit dem Schwerpunkt auf unternehmerischer Verantwortung für sensible Themen wie Umweltschutz« (Ellis, a.a.O.). Trotz der unterschiedlichen Erscheinungsformen der Firma müssen Wissen und Fähigkeiten jedoch über die Grenzen hinweg transferiert werden, um ihren Wettbewerbsvorteil zu bewahren. Unternehmen, die nur schwer mit diesen 20 Geschwindigkeiten zurechtkommen, würden Osteuropa als Investitionsort bevorzugen, weil dort die Auflagen geringer und die Renditen besser seien.

Diese Studie zeichnet die europäische Zukunft aus der gesellschaftlichen Position der Unternehmensberatung. Worin bestehen die »Schrecken« des Politikpfades im zweiten Szenario? Für die Unternehmen sind es die schmäleren Verdienste durch Besteuerung und Abgaben und gewisse Einschränkungen der unternehmerischen Entscheidungsfreiheit, die die Produktionsbedingungen betreffen (Umweltauflagen, Behandlung der Arbeiter etc.). Für die Nichtunternehmer dagegen enthält dieses Szenario lediglich einen Nachteil: Die Produktpalette ist um eine Reihe von Innovationen ärmer, die aus anderen Kontinenten zufließen.

Die Andersen-Studie zeichnet ein Gegenbild zu jener Weltgesellschaft des fröhlichen multikulturellen kapitalistischen Anarchismus, der in einer Reihe von Globalisierungstheorien mitschwingt. Für

Ellis ist der Staat zwar ein natürlicher Gegner jener unternehmerischen Freiheit, die zum Grunddogma der angelsächischen politischen Philosophie gehört, andererseits jedoch sieht er die Gefahren sehr genau, die sich aus der Reduzierung eines Wohlfahrtsstaats zu einem Nachtwächterstaat ergeben: Die Moral der Menschen sinkt, und ihre Frustration über die sinkende Lebensqualität muss mit Gewalt eingedämmt werden. Diese Entwicklung erscheint bei ihm als ein nicht zu unterschätzender Kostenfaktor, der die Gewinne schmälert und in Szenario Nr. 1 nicht mehr vom Staat aufgefangen werden kann. Denn der Staat hat einen großen Teil seiner Aufgaben abgegeben und steht nicht mehr für besondere Sicherheitsbedürfnisse der Bürger zur Verfügung. Auch bei Ellis wird im Übrigen deutlich, dass es sich bei der Verwirklichung des ersten Szenarios keineswegs um jenen Selbstläufer handelt, als welcher die »Liberalisierung« der Märkte in der Regel erscheint: Weder gibt es eine technische noch eine ökonomische Gesetzmäßigkeit, die die Öffnung von nationalen Kapital- und Arbeitsmärkten oder die Privatisierung von öffentlich-rechtlichen Unternehmen erzwingt.

Man kann in dem einen oder anderen Punkt der Studie gewisse Schwächen erkennen, aber deutlicher als bei vielen neueren Theorien werden hier die Interessen benannt und die Machtfragen klar aufgegriffen. Diese Fragen, die die meisten Theorien durch ihre Systemansätze ausblenden, kann der Praktiker Vernon Ellis nicht aussparen. Für ihn ist klar, dass ohne die »mächtige Generaldirektion«, also den Brüsseler Wettbewerbskommissar, sich die Liberalisierung nicht flächendeckend durchsetzen lassen wird. Während somit das zweite Szenario eine Zukunftsvariante darstellt, die zu ihrer Durchsetzung einer Neuorientierung staatlichen Handelns bedarf, stellt das dritte eine Variante dar, in der die europäischen Regionen sich – aus welchen Gründen auch immer – einfach nicht mehr an die zentralistischen Vorgaben für Versorgung, Landwirtschaft und Warenmärkte aus Brüssel halten und auf ihre spezifisch regionalen oder nationalen Lösungen zurückgreifen. Die europäische Union würde nicht einmal zerbrechen, sondern zerbröseln. Hat dieser Prozess der inneren Verabschiedung der Europäer von den großen Politikprojekten vielleicht schon begonnen? Wie auch immer die Popularitätskurven der Europapolitik aussehen, für die Berater steht sie nach wie vor auf der Agenda.

# 12 Die Zukunft des kontinentaleuropäischen Gesellschaftsmodells

## Die falsche Karte

»Die haben mich einfach entsorgt wie ein Stück Dreck«, sagt der indische IT-Experte, der im Januar 2001 mit einer Greencard nach Aachen kam, um in einer kleinen Beraterfirma für elektronische Dienste als Spezialist für Plattformen, Netzwerke und Datenbanken zu arbeiten. Als der Großauftrag nach sechs Monaten erledigt war und kein neuer hereinkam, wurde ihm gekündigt. Nach der Entlassung hat er zunächst noch versucht, anderswo Arbeit zu finden. 300 Bewerbungen hat er abgeschickt, aber er bekam keine Stelle. Nach vier Monaten hat er seine Möbel wieder verkaufen müssen und seine Ersparnisse aufgebraucht, um schließlich für sich und seine Frau das Rückflugticket zu kaufen, das ihn wieder nach Indien brachte. Die Greencard, von einigen Funktionären der Unternehmerverbände aggressiv gefordert, wurde bei ihrer Einführung als besonderes Zeichen der Flexibilität der Regierung bei der Einwanderung gefeiert. Aber Regierungen haben längerfristige Verantwortung für die Menschen, die durch ihre Gesetze in Bewegung gebracht werden, als Funktionäre. Der indische IT-Experte sucht wieder Arbeit als freier Programmierer in Mumbai. Die Greencard hatte ihn dazu verleitet, einen gut bezahlten Job in Indien aufzugeben und einen kurzfristigen Job in Deutschland anzunehmen. Er stand nach kurzer Zeit wieder auf der Straße, weil die Bedarfsprognosen für IT-Experten auf unverantwortliche Weise überzogen waren. Der Boom, der sich als ein Flop erwies, fordert seine Opfer.

Im März 2002 ging der Telekomboom zu Ende. Hunderte von kleinen Firmen haben aufgehört zu existieren. Aber auch in den großen Firmen hat das Ende des Booms Spuren hinterlassen. Im April hat Siemens den Abbau von insgesamt 35 000 Stellen angekündigt. Die Geschäftsleitung erwartet, dass die Geschäfte schlechter laufen: Allein in der Netzwerksparte, dem so genannten ICN-Bereich, sollen von einst 54 300 Stellen 17 800 abgebaut werden. Ein Klima der Angst hat sich bei Siemens ausgebreitet. Der Umgangston ist härter geworden, Vorschläge des Betriebsrats zum sanften Arbeitsplatzabbau stoßen auf taube Ohren: Obwohl der Konzern weiterhin schwarze Zahlen schreibt und im Geschäftsjahr 2001 trotz der Einbrüche auf dem Telekommarkt 2,1 Milliarden Gewinn machte, ist der bisherige partnerschaftliche Umgang mit den Mitarbeitern einem raueren Stil gewichen. Auf ihre Vorwürfe hin, dass der Vorstand die Urlaubszeit genutzt habe, um Entlassungen vorzunehmen, mussten sich die Betriebsräte mit dem Spruch abkanzeln lassen, »Der Markt macht keinen Urlaub«. Heinrich von Pierer, zu Beginn seiner Laufbahn noch skeptisch gegenüber dem neuen finanzmarktlastigen Trend, hat sich im Laufe der Zeit gewandelt. Inzwischen geht ihm das Vokabular der Finanzvorstände ganz leicht von den Lippen. In jedem Bereich müsse das Renditeziel eingehalten werden, andernfalls müsse »hart durchgegriffen« werden. Einen Verlustausgleich zwischen den einzelnen Sparten, wobei die Gewinnbringer eine Zeitlang die Verlustsparten ausgleichen, um das Personal zu halten, das zu den bestausgebildeten der Welt gehörte, ist nicht mehr vorgesehen. Die Banken und Unternehmensberater machen auch in Deutschland Druck: Seit Siemens sich an die New Yorker Börse begeben hat, musste es seine eigenen Maßstäbe aufgeben – kurzfristige Renditeziele haben langfristige Planung ersetzt. Personal halten, ein probates Mittel zur Aufrechterhaltung langfristiger Produktivität, ist in den USA nicht üblich, seit dort die Konzerne nicht mehr von Ingenieuren, sondern von Buchhaltern geführt werden. In den Augen der Finanzanalysten, vor denen von Pierer seine Aktivitäten nunmehr legitimieren muss, kann ein Konzern sich eine langfristige Personalstrategie nicht mehr leisten. Damit hat sich Siemens, ein Konzern, der wegen seiner hohen Liquidität selbst lange als Bank mit einem angehängten Elektrokonzern bezeichnet wurde, gewissermaßen selbst entmachtet: Die

Finanzberater haben die Führung übernommen und damit auch diesen multinationalen Konzern auf den Weg vom Produktionsunternehmen zur reinen Finanzholding gebracht, die sich an quartalsmäßigen Investitionserträgen ausrichtet und nicht mehr an der Produktion. Damit hat die Führungselite auch ihre Verantwortung für die *stakeholder* aufgegeben, die Arbeiter, die Kunden und die Zulieferer, aber auch die Gemeinden, die von Siemens ihre Steuern erhielten und der Firma dafür Infrastruktur boten, Schulen und Straßen unterhielten und bei Siemens einkauften, vom Computer bis zur Straßenampel.

Kontinentaleuropa war niemals börsenabhängig, hier hatte sich nach dem großen Börsenkrach der Gründerzeit eine Hausbankenkultur entwickelt, in der das Schicksal der Firmen eng mit dem Schicksal der Banken verknüpft war: Die Banken waren für die Firmen mitverantwortlich, denen sie Kredite gegeben hatten, und sie waren daher stets bereit, die Unternehmen auch über Durststrecken hinweg zu stützen. Das alles hatte große Vorteile für die Langfristigkeit der Planungen und Produktionsentwicklung und band mit der Mitbestimmung zugleich die Arbeitnehmer in das System ein – beides wichtige Voraussetzungen für den langen Aufstieg Deutschlands zum zweitstärksten Exportland nach den USA, von dem insbesondere die klassischen Sektoren der deutschen Industrie, Chemie-, Elektro- und Automobilbranche, profitierten. Ist diese industriefreundliche Einstellung jetzt endgültig einer neuen, finanzorientierten Optik gewichen?

## Börse oder Hausbanken?

Seit Beginn der neunziger Jahre haben führende Sprecher der deutschen Finanzwelt begonnen, die Vorteile des amerikanischen Aktionärskapitalismus zu preisen. Deutsche Bank, Dresdner Bank, Allianz und Münchner Rückversicherung haben ihre Anteile an Industrieunternehmen in eigene Verwaltungsholdings ausgegliedert, mit dem Ziel, sie nach den Prinzipien des *shareholder value* zu führen und sich von der Verantwortung zu lösen, die sie bislang mitgetragen hatten. Ihre *corporate governance*-Initiative geht davon aus, dass »der internationale Kapitalmarkt für deutsche Sonderwege keine Schonfrist gewähre«, wie es Rüdiger von Rosen, der Leiter des Deutschen Aktieninstituts, formuliert (*Die Bank* 4/2001). Die Unternehmensführung soll also auf die angelsächsischen Kapitalmarktstrukturen umgestellt werden, deren Anforderungen in Bezug auf Kurswertsteigerungen erfüllen und sie durch vierteljährliche Bilanzberichterstattung unter den Druck kurzfristiger Rendite setzen, wie es das *shareholder value*-Prinzip verlangt. Die Investmentgesellschaft DWS der Deutschen Bank vertritt dementsprechend bereits das *shareholder value*-Prinzip. Die Industrieaktien sollen mobiler und somit für die Banken auch profitabler werden, denn jede einzelne Aktienbewegung bringt den Börsen und den Banken Gebühreneinnahmen. Das Ziel ist die Positionierung Deutschlands als zentraler Finanzplatz in Europa. Die Deutsche Bank hat sich in Kontinentaleuropa bereits ein starkes Feld aufgebaut, portugiesische, italienische, griechische und belgische Banken aufgekauft und ist auch an polnischen Banken führend beteiligt.

Aber die Botschaft von Deutscher Bank und Allianz reicht weiter: Deutschland soll eine »führende Rolle« auf dem Weltfinanzmarkt spielen. Dazu wollen sie auch Instrumente wie die Pensionsfonds schaffen, die auf dem amerikanischen Kapitalmarkt in den letzten Jahren als Investoren so begehrt waren, weil sie sich zur Freude der Investmentbanken zur beständigen Umschichtung ihrer Portfolios verleiten ließen und den Unternehmensberatern dabei halfen, Druck auf die Unternehmen zur Übernahme des *shareholder value*-Modells auszuüben. Die EU unterstützt diese Bestrebungen und drängt die europäischen Regierungen zur Privatisierung der Renten, die Deutsche Bank finanziert ein eigenes Institut für Deutsche Altersfragen, das sich zum Ziel gesetzt hat, Politikern und Interessierten mit einer intensiven Öffentlichkeitsarbeit die Vorteile privater Rentenkassen zu vermitteln, deren Verwaltung die deutschen Banken gern übernehmen würden. Denn wenn das permanent nachfließende Geld der europäischen Rentensparer in Aktien angelegt und statt durch die Sozialkassen von den Banken verwaltet wird, steigt das Geschäftsvolumen der deutschen Banken enorm. Schon mittelfristig könnten sich private europäische Pensionskassen bilden, die gegenüber derjenigen der US-Pensionsfonds eine eigene Marktmacht darstellen. Um ihre Vorstellungen zu fördern, werben die deutschen Banken damit, dass die Unternehmensführung nach dem *shareholder value*-Prinzip zu höheren Aktienkursen und damit zu niedrigeren Eigenkapitalkosten führe. Tatsächlich sind die Kosten für die Aufnahme von Krediten auf den Kapitalmärkten niedriger für Firmen, die aufgrund einer strahlenden Außendarstellung steigende Aktienkurse ausweisen und von den Ratingagenturen entsprechend hoch eingestuft werden. Verschwiegen wird dabei jedoch die Alternative. Denn gegenüber einem Kredit bei der Hausbank sind die Kosten in Wirklichkeit höher, weil bei der Aufnahme von Kapital an der Börse auch alle Intermediäre bezahlt werden wollen.

Als Hindernis für die Einführung des Aktionärskapitalismus in Deutschland erweist sich die enge Verbindung der Banken und der Industriekonzerne, die so genannte Deutschland AG, die durch eine starke Verflechtung von Personen und Kapital gekennzeichnet ist. Um die Aktien, die bislang zumeist in festem Besitz von privaten Anteilseignern oder den Banken selbst sind, zu mobilisieren, versucht die von der Deutschen Bank und der Allianz geleitete Fraktion der deutschen Wirtschaftsführer eine neue Unternehmensordnung (*corporate governance*) durchzusetzen, die der amerikanischen gleicht: Die Beziehungen zwischen Banken und Unternehmen sollen über die Börse organisiert werden, denn nur von mobilen Aktien könnten die Börsen, ihre Intermediäre und die Banken selbst profitieren.

Mit der Formel vom »Ende des deutschen Sonderwegs« und der *shareholder value*-Propaganda versuchen die Banken dem Imageverlust entgegenzutreten, der ihnen droht, wenn sie sich aus Firmenengagements zurückziehen, die so lange Zeit ihre Machtbasis bildeten. Denn Banken waren in Deutschland keine freien und unabhängigen Investoren, die ihre Aktienpakete einfach verkaufen konnten, wenn andere Aktien höhere Kurssteigerungen aufwiesen. Die Macht der deutschen Banken lag darin, dass sie in den Firmen, bei denen sie Aktienbeteiligungen hatten, auch in den Aufsichtsräten vertreten waren und mitregierten, aber auch Mitverantwortung trugen. Mit der *shareholder value*-Philosophie kann die Zurückweisung dieser Verantwortung legitimiert werden, und diese Philosophie hat sich in den neunziger Jahren auch in einstmals anders denkenden Häusern ausgebreitet.

Die Trennung von Verantwortung und Kapitaleinsatz ist in der Konsensgesellschaft des rheinischen Kapitalismus erklärungsbedürftig, und die *shareholder value*-Vertreter greifen daher auf die These der Globalisierung zurück, dass die Vereinheitlichung der Welt nach den »internationalen Standards« der USA unausweichlich sei. Die Gruppe hat sich bereits stark auf dem angelsächsischen Märkten engagiert und eine Reihe von deutschen Konzernen mit sich gezogen. Siemens gehört zu den 24 deutschen Konzernen, die an der New Yorker Börse notiert sind. Sie sind nicht mehr auf Hausbanken angewiesen und holen sich ihr Kapital über die Börse. Von einer Reihe von Beobachtern wird dies als ein Zeichen für das Ende des europäischen Banksystems gedeutet.

Wird also das Universalbankensystem durch die Börsen ersetzt? Müssen sich alle Firmen künftig über Aktienemissionen und Anleihen finanzieren, die sie nur noch über die Börse erhalten können? Dann wären die Unternehmen stärker auf die Gunst der kleinen, aber vor allem der großen Investoren, der Berater und der Analysten angewiesen, die ihre Aktien zum Kauf empfehlen. Die Firmenpolitik müsste sich auf die Überredung oder Überzeugung dieser Intermediäre ausrichten, die Unternehmen müssten hierfür Werbung betreiben und große Presseabteilungen unterhalten, die das neue Publikum bei Laune halten und die jeweiligen Vorstände zu Helden stilisieren. Die Börsengänge der Telekom und vieler kleiner Internetfirmen waren Beispiele für den Propagandaeinsatz, den solche Aktienemissionen mit sich bringen. Auch die Schlachten der Energiekonzerne um neue Kunden nach der vollständigen und übergangslosen Deregulierung durch die deutsche Regierung 1998 haben immense Summen für Werbung und PR gekostet, Geld, das nicht mehr für den Dienst am Kunden zur Verfügung steht. Eine solche Entwicklung würde in jedem Fall zum Verlust einer großen Zahl von mittelständischen Firmen führen, die europäischen Städte würden ihr Gesicht verlieren und statt eigener Gewerbe, Dienstleister, Handwerker, Lebensmittelproduzenten und Gaststätten nur noch mehr oder weniger lukrative Standorte der Filialen und Ketten großer Handelskonzerne bilden.

Tatsächlich haben die deutschen Banken im Vergleich mit den Banken anderer Länder niedrigere Einnahmen aus der Kreditvergabe. Der Grund ist der institutionelle Wettbewerb: Ihre stärkste Konkurrenz sind die öffentlichen Kreditinstitute, die bis heute den größten Sektor des deutschen Geldmarkts bilden. Allein die Sparkassen verwalten 81 Millionen Sparkonten und einen großen Teil der Sparvermögen der Deutschen (1999 waren es 1,2 Billionen Mark). Sie sind Spezialisten für das Massengeschäft, das den großen Banken nicht genügend Gewinne bringt – für sie sind Kunden erst ab 250 000 Euro Einlagen interessant. Rund 75 % aller kleinen und mittleren Unternehmen in Deutschland sind Kunden der Sparkassenfinanzgruppe. Da im Grundgesetz keine Entscheidung über das Wirtschaftssystem getroffen wurde, bildete sich das dualistische deutsche Wirtschaftssystem heraus, das mit der Zulassung des Nebeneinanders von privaten und öffentlichen Betrieben eine institutionelle Konkurrenz geschaffen hat, die insbesondere im Kreditsektor in dieser austarierten Balance in kaum einem anderen Land anzutreffen ist. Solange Sparkassen, Genossenschaftsbanken und andere nicht gewinnorientierte öffentliche Kreditinstitute nicht an der Erfüllung ihrer gesetzlichen Aufgabe gehindert werden, dem Gemeinwohl zu dienen und Mittelständlern, Handwerkern und Geschäftsleuten Kredite zu fairen Konditionen zu geben, wird sich die Lage auf dem Kreditmarkt für die deutschen Großbanken auch kaum verändern. Ihre Versuche, die Sparkassen mit Hilfe des Brüsseler Wettbewerbskommissars zu entmachten und sie zu privatisieren, sind vorläufig gescheitert, und Rolf Breuer, der die Sparkassen einst als Krebsgeschwür im deutschen Kreditwesen bezeichnet hatte, hat den Kampf vorläufig aufgegeben und seinen Frieden mit dem Konkurrenten geschlossen, um eine andere Front zu eröffnen.

Heute stehen die Allianz und die Deutsche Bank, die sich vor zehn Jahren mit der Einverleibung von Bankers Trust stolz die größte Bank der Welt außerhalb Japans nennen durfte, längst nicht mehr so gut da, und die Möglichkeit, dass die Deutsche Bank durch ihre Präsenz am New Yorker Aktienmarkt selbst zum Opfer einer Übernahme wird, kann auch der sonst so redegewandte vormalige Sprecher Rolf Breuer nicht ausschließen. Die Ausflüge in den New Yorker Investmentkapitalismus sind den deutschen Banken nicht gut bekommen. Die einstigen Giganten der kontinentaleuropäischen Bankenlandschaft, Deutsche Bank, HypoVereinsbank, Dresdner Bank und Commerzbank, die sich als *global player* gerierten und teilweise nur noch Englisch sprachen, leiden unter hohen Verlusten durch Not leidende Kredite und insbesondere darunter, dass sie ihre Kernkompetenzen als Hausbanken vernachlässigt und sich stattdessen auf unbekannte Gebiete begeben haben, für die sie sich die Fachleute erst teuer einkaufen mussten: Investment und *mergers & acquisitions* waren zu den neuen Kerngeschäften erklärt worden, als die deutschen Banker von der Aufschwungstimmung beeindruckt waren. Erst hinterher bemerkten sie, dass sie die Internetbörsenblase mit aufpumpen halfen, die von den Investmentberatern mit viel heißer Luft gefüllt worden war und jetzt geplatzt ist. Die Geschäfte mit Börsengängen und Fusionen sind eingebrochen, und die aufgeblasenen Investmentabteilungen, deren Mitarbeitern fürstliche Gehälter gezahlt wurden, liegen brach und verursachen nur noch Kosten (*Der Spiegel*, 31. Oktober 2002). Nach dem Absturz der Aktienkurse ist auch die Vermögensverwaltung plötzlich problematisch geworden, und die Deutsche Bank hat ihr »Custody«-Vermögensverwaltungsgeschäft an die amerikanische State Street Bank verkauft, die sich weitere Expansionschancen in Europa erhofft. Custody verwaltet bisher in

Deutschland, Frankreich und Italien ein Vermögen von 2,2 Billionen Euro, und State-Street-Chef Ronald Logue hofft, dass die europäischen Kunden nach dem Verkauf nicht abwandern (*Handelsblatt*, 5. 12. 2002). Der einstige Branchenprimus, geschüttelt von schweren Verlusten, ist zur »total normalen Deutschen Bank« geworden (*Der Spiegel*, 31. 10. 2002).

Das Erwachen aus dem Traum von immer noch größeren Gewinnen trifft die deutschen Banken hart, haben sie doch offensichtlich die Gefahren dieser Märkte völlig falsch eingeschätzt. Der Abbau von Beteiligungen zeigt sich damit plötzlich in einem neuen Licht: Die Banken und die Versicherungen haben in der Vermögensverwaltung und im Investmentbankgeschäft riesige Verluste eingefahren und müssen ihre Reserven durch den Verkauf ihres Tafelsilbers wieder aufbauen. Die Deutsche Bank, deren Reserven von 16 Milliarden Euro im Jahre 1999 auf 1,1 Milliarden Euro im Jahre 2002 gesunken sind, wies im Jahre 2001 erstmals einen Verlust von 181 Millionen Euro aus. Das aber deutet auf ernste Schwierigkeiten hin, zumal sie übergangslos auf die amerikanische Buchführung umgestiegen ist und damit den Verdacht nährt, dass sie die Analysten bewusst verwirren will, denn durch den Verzicht auf die parallele Darstellung nach der alten Methode ist ein Vergleich der Zahlen unmöglich geworden.

## Leitbild Globalisierung?

Die Geschäfte der Beratungsbranche sind in den USA nach dem Fall Enron stark eingebrochen, und die Berater erleben eine existenzbedrohende Vertrauenskrise. Auch McKinseys Weltumsatz ging erstmals um zwei Prozent zurück, und in den USA brechen der Firma die Aufträge weg. Nur in Deutschland floriert das Geschäft noch, und heute ist McKinsey Deutschland sogar der stärkste Zweig und trägt die Hälfte zum Gewinn des internationalen Konzerns bei. 36 der 50 größten deutschen Unternehmen lassen sich immer noch von McKinsey für Millionensummen bei Restrukturierungen und Firmenstrategien und bei der Umstellung auf die Philosophie des *shareholder value* beraten. Und McKinsey, dessen Umsatz in Deutschland mit nur knapp 2000 Mitarbeitern bei 605 Millionen Euro liegt, will expandieren, insbesondere im öffentlichen Bereich und bei mittelständischen Unternehmen. Schlanke Verwaltungen für die kommunalen und staatlichen Betriebe bieten sie an, und der neueste Markt für die Berater sind die Schulen, auf die sich McKinsey bereits gezielt mit Veranstaltungen und so genannten »Wissensoffensiven« einschießt: Von der PISA-Studie verunsichert, suchen die Verwaltungen Rat bei den Beratern, und McKinsey hat, wie das *Managermagazin* schrieb, auch hier eine Rezeptur parat.

Wie kommt es, dass man in Deutschland, wo der »Neue Markt« ebenfalls zusammengefallen ist, nicht dieselben Reaktionen beobachten kann? Dass in Deutschland das Vertrauen in die Branche ungebrochen scheint, die vielleicht den größten Anteil an dieser Scheinkonjunktur hatte? Fest steht eigentlich nur, dass die »neue Ökonomie« großenteils auch eine Kreation der neuen »Priester der Unternehmenskultur« (Matthews/Anderson/Edwards 1998) war, die nicht nur Finanzdienste und Begleitung für Börsengänge und Internetumstrukturierungen für Firmen und öffentliche Verwaltungen verkaufen, sondern ein ganzes Profil der Unternehmensführung nach dem *shareholder value*-Prinzip der *corporate governance.* Was sie anbieten, ist eine Art Reinigungskonzept, mit dem der Kapitalismus wieder zu seinem Ursprung zurückgeführt und von allem Ballast befreit werden soll. Ihr Gruppencharisma ist gebaut auf ihrem unschlagbaren Wissen über die intimen Geschäftsgeheimnisse der Unternehmen, die für sie als Steuer- und Unternehmensberater zugleich so transparent sind wie nicht einmal dem Finanzamt. Sie richten die Firmen standardmäßig auf das *shareholder value*-Prinzip aus und machen sie damit zum potenziellen Objekt von Fusionen und Zusammenschlüssen, an denen sie wiederum Beratungsgebühren verdienen. Die Beratungsfirmen benutzen den Globalisierungsbegriff als Bild und Drohung des totalen Wettbewerbs. Der tiefere Sinn dieses Drucks zur Umformung der Firmen ist in der Bereicherung und im

Anwachsen der Beraterbranche sowie in den üppigen Managerbezügen zutage getreten.

Es wäre fatal, wenn die Lehren aus der Spekulationsblase hierzulande nicht gezogen würden und der Zusammenhang mit dem *shareholder value*-Konzept übersehen würde. Vielleicht wird man fragen, was an der Betrachtungsweise von Firmen als reinen Profitmaschinen für ihre Besitzer eigentlich so neu und aufregend sei? Die Ideen, die über den Kapitalismus grassieren, gehen grundsätzlich davon aus, dass alle Unternehmen nichts anderes als Profit machen wollen. Und die meisten Ökonomen, die im freien Markt fälschlich das Grundmodell jeder Gesellschaft sehen, unterstützen diese Vorstellung mit ihrer Fiktion vom einsamen egoistischen *homo oeconomicus* in einer feindlichen Umwelt.

Aber dies Bild ist falsch. Zum einen müssen sich auch Unternehmen an gesellschaftliche Regeln halten, Regeln, die zumeist aufgestellt wurden als kollektive Reaktionen auf entsprechende gute oder schlechte gesellschaftliche Erfahrungen. Arbeiterschutzgesetze, Umweltschutzgesetze, Kreditaufsicht oder Gesetze gegen Geldwäsche gehen nicht auf bürokratische Willkür zurück, sondern stellen zivilisatorische Fortschritte im Umgang der Menschen miteinander dar, und die Steuern sind der von den demokratischen Gremien legitimierte Tribut an die Politik, die für eine funktionierende Infrastruktur und die Einhaltung der Regeln zuständig ist. Da die Gesellschaften aber sehr unterschiedliche Erfahrungen haben, gibt es viele verschiedene Entwicklungspfade und daher auch sehr viele Formen des Kapitalismus – die Differenzen sind beträchtlich, insbesondere im ökonomischen, juristischen und sozialen Profil zwischen den angelsächsischen und den kontinentaleuropäischen Gesellschaften.

Es gibt keinen Globalisierungszwang, wie die deutsche Regierung mit der Ablehnung der europäischen Übernahmerichtlinien gezeigt hat: Feindliche Übernahmen können verhindert werden, wenn sie politisch nicht erwünscht sind. Solange Gesellschaften ihre relative Autonomie noch nicht aufgegeben haben, bleiben sie politisch lenkbar, und es lässt sich zeigen, dass auch die großen Konzerne, selbst wenn sie versuchen, sich mit verschiedenen Mitteln Wettbewerbsvorteile zu verschaffen, sich doch den Bedingungen der jeweiligen Länder angepasst haben, wenn sie dort wirtschaften wollten.

Weltwirtschaft ist kein abstraktes Geschehen, sondern hat Akteure, die man sehen und deren Handeln man verfolgen kann. Es sind die konkreten Prozesse der nationalen Rechtsveränderungen und der europäischen Rahmengesetze, die unsere Aufmerksamkeit verdienen. Wenn die Konzerne als Trittbrettfahrer auftreten und versuchen, der Politik ihre Bedingungen vorzuschreiben, Sondergenehmigungen zu erhalten und Steuern zu sparen, dann können sie jeweils nur so viel durchsetzen, wie die Politik der Staaten ihnen zugesteht. Wie aber steht es um die Politik? Krugman weist darauf hin, dass es die reiche Oberschicht in den letzten Jahren insbesondere in den USA verstanden hat, die Aufmerksamkeit korrupter Politiker auf sich zu ziehen, die auf der Suche nach Wahlkampfspenden sind. Für ihn deutet es auf eine schwere Krise vor allem des amerikanischen demokratischen Systems hin, dass die wichtigsten Steuerveränderungen der letzten 25 Jahre gerade diese Schichten begünstigten. Krugman sieht darin einen moralischen Verfall der Eliten: Während sich die Kluft zwischen Reichen und Armen weitet, kümmert sich die Wirtschaftspolitik zunehmend um die Interessen der Eliten. Gleichzeitig bleibt für öffentliche Dienstleistungen kaum noch Geld übrig (Krugman in *Die Zeit* 46/2002).

Krugman schildert einen Prozess, der nicht in allen Ländern gleich weit fortgeschritten ist. Denn neben der anfangs genannten Gruppe, die sich für die Unternehmensführung nach dem *shareholder value*-Prinzip in Deutschland stark macht, haben sich mittlerweile andere zu Wort gemeldet, die keineswegs nur an Aktionäre denken, wenn sie von Unternehmensführung reden – Arbeiter, Gemeinden, Staat und Umwelt haben in ihren Augen ein ebenso berechtigtes Interesse an den Unternehmen. Wie sich Deutschland in Zukunft entwickelt, hängt aber nicht zuletzt auch davon ab, woran wir selbst unseren zivilisierten Zustand messen und wie leicht wir ihn aufzugeben bereit sind. Die Auseinandersetzungen um die zukünftige Gestaltung unserer Gesellschaft haben gerade erst begonnen.

## Die Resistenz des rheinischen Kapitalismus

Die Theorie der Globalisierung besagt, dass die Welt eine Tendenz zur Vereinheitlichung hat und nationale Besonderheiten nur noch als kulturell-museale Elemente bestehen bleiben können. Der Begriff der Globalisierung wurde zuerst in den sechziger Jahren benutzt. In der Wörterbuchdefinition bezeichnet er daher ursprünglich einen »Prozess, der Finanzmärkte und Investitionstätigkeiten internationalisiert, ermöglicht aufgrund von Deregulierungen und verbesserten Kommunikationstechniken« (*Guardian Unlimited* 2001). Erst in den achtziger und vor allem in den neunziger Jahren bekam der Begriff eine Bedeutung, die über die Finanzmärkte hinaus auch die Totalität der wirtschaftlichen und sozialen Gestaltung der Gesellschaften in sich fasste. Lässt sich tatsächlich eine Konvergenz der Systeme feststellen? Darüber gibt es nicht nur bei Unternehmensberatern unterschiedliche Auffassungen.

Die Vertreter der *shareholder value*-Philosophie in der deutschen Finanzwelt glaubten, dass die europäische Option des »Wohlfahrtskapitalismus« als Alternative zum angelsächsischen »Börsenkapitalismus« (vgl. Dore 2000) nicht mehr gültig sei, und hielten sich für die Pioniere einer Reform, die ihnen unausweichlich erschien. Doch die Banken unterschätzten die sich aus einem solchen Wechsel ergebenden Konsequenzen und überschätzten ihre eigenen Möglichkeiten gewaltig. Dass sie sich als Neulinge auf einem unbekannten Parkett einem gefährlichen Konkurrenzkampf mit den etablierten Börsenspielern ausgesetzt hatten, wird ihnen nun in der Krise bewusst, wo sie die Schwächen des Börsenkapitalismus zu spüren bekommen und zu Opfern des Krachs wurden. Sie hatten übersehen, dass sie sich mit der neuen Fokussierung auf das Investmentgeschäft abhängig machten von einem System, dessen Regeln von anderen Gruppen viel besser beherrscht wurden. Sie sind schwer getroffen von den Verlusten aus diesem Engagement bei einem Spiel, vor dem der amerikanische Notenbankchef Greenspan bereits 1998 mit dem Begriff von der »irrational exuberance«, der irrationalen Übertreibung, gewarnt hatte.

Ob die Ernüchterung noch rechtzeitig gekommen ist, um Kontinentaleuropa vor der Vereinnahmung durch die »internationalen Standards« zu bewahren, ist noch nicht endgültig ausgemacht. Aber die Krise hat die Argumente der Verfechter des Börsenkapitalismus geschwächt, und in der Finanzbranche selbst wird das Hausbankenprinzip inzwischen wieder favorisiert. Gerade in Zeiten schwacher Kapitalmärkte zeige sich, wie wichtig für die Unternehmen ein Bankpartner sei, der sich nicht schon bei kleinsten Schwierigkeiten abwende, sagte der Vorstand der DZ-Bank, Uwe Flach, im November 2002 auf der 48. Kreditpolitischen Tagung in Frankfurt (*Handelsblatt*, 18.11.2002). Die regionalen Hausbanken erleben eine Renaissance, da in Krisenzeiten ihre Stärke deutlich zutage tritt.

Mehrere Zusammenbrüche der Aktienmärkte haben das Vertrauen der Sparer in die Börsen, dieses teure und schwer durchschaubare Instrument der Investitionslenkung aus der Zeit der Kolonialimperien, erschüttert. In Deutschland kam es nach großen Finanzkrisen schon wiederholt zu einem starken Misstrauen gegen Aktien, das eine Zeit lang sogar zu einem Verbot des Börsenterminhandels führte. Dieses Verbot verhalf dem wesentlich eleganteren kontinentaleuropäischen Instrument der Industriefinanzierung durch Universalbanken erst zum Durchbruch. Die Problematik der Machtkonzentration bei diesem System darf zwar nicht unterschätzt werden, doch die Mittel, sie zu beherrschen, können kaum in der Übernahme des Börsensystems gesucht werden: Die Börsen haben sich nicht als effizientere *best practice* erwiesen, und im Vergleich wird offenbar, dass das kontinentaleuropäische System riesige Summen an Transaktionskosten spart, weil die Informationen gezielter sind und der Kapitaleinsatz dauerhafte Mitverantwortung impliziert. Das System benötigt keinen Börsenprospekt und umgeht damit die Gefahren, die durch die Veräußerung der Informationen entstehen, die wiederum einen Apparat von Vermittlern und Werbe- und Propagandafirmen ins Brot setzt. Das Hausbankensystem beruht auf der Verarbeitung von unmittelbar aus den Betrieben erlangtem Wissen und bringt keinen eigenen Handelsgegenstand hervor, an dem Interessengruppen Geld verdienen können. Mit dem unmittelbaren Informationsnetz werden die Kreditrisiken reduziert, und durch die institutionelle Einbindung der Banken in die Verantwortung wird die Bildung von eigendynamischen Spekulationen verhindert.

Eine zweite Gruppe in der deutschen Unternehmenslandschaft sucht mit ihrem Unternehmensführungskonzept denn auch die Stärken der deutschen Wirtschaft zu wahren. Statt im *shareholder value*-Prinzip, das durch den Druck der Finanzintermediäre in der Schönung oder Fälschung der Bilanzen gipfelte, sieht diese Gruppe, die sich im »Berliner Initiativkreis German Code of Corporate Governance« konstituiert hat, den Wert des Unternehmens in der Fähigkeit zur Erfüllung der Ansprüche aller Bezugsgruppen – der Anteilseigner, der Arbeitnehmer, der Kunden, der Kreditgeber, der Lieferanten und der Allgemeinheit. Es handelt sich dabei um nichts weniger als den Anspruch auf einen »ganzheitlichen« Ansatz, der von einer Reihe von Industriellen (darunter der ehemalige Präsident des Arbeitgeberverbandes, Heinz Dürr, Porsche-Chef Wiedeking und BASF Vorstand Kley) unterstützt wird. Die Unternehmensführung müsse schon aus ökonomischen Gründen die Ziele der unterschiedlichen *stakeholder* austarieren, weil sie alle ihre Beiträge zum Wert des Unternehmens leisteten. Die oberflächliche Beschränkung des Blicks auf den *shareholder value* wird in diesem Konzept ersetzt durch eine »multiple Exzellenz« für sämtliche relevanten Bezugsgruppen, die am Erfolg des Unternehmens beteiligt sind. Diese Initiative unterstützt die klassische Sicht des rheinischen Modells der sozialen Verantwortlichkeit der Verwaltung wirtschaftlicher Güter und steht damit in Gegensatz zu den Interessen der auf kurzfristige Gewinne ausgerichteten Börsenintermediäre.

Zwar hat die Bundesregierung die Rhetorik vom Finanzplatz Deutschland in ihren Veröffentlichungen übernommen, sie hat die Forderungen der Banken nach Ausbau der mobilen Finanzmärkte durch die Teilprivatisierung der Altersrente unterstützt und verschiedenen Forderungen nach Verbesserung der Bilanzoptik stattgegeben. Die neueren Finanzmarktgesetze haben die Verantwortlichkeit der Intermediäre verringert und ihre Aktivitäten dadurch erleichtert. Investmentbanker und Berater sind nur noch für drei Jahre für die Informationen haftbar, die sie an ihre Kunden liefern – zuvor waren es 30 Jahre. Die Möglichkeiten der Schaffung privater Pensionsfonds wurden ebenfalls ausgebaut. Seit 1998 können Firmen auch ihre eigenen Aktien zurückkaufen und damit den Preis beeinflussen, was bis dahin wegen der Gefahr von Betrug und Manipulation nicht erlaubt war. Sie dürfen auch Manager und Mitarbeiter mit Optionen und Aktien entlohnen – Aktien erlangten damit eine bislang nicht vorgesehene Geldfunktion. Doch während politische Maßnahmen zur Bildung eines breiten Aktienmarkts eingesetzt wurden und die feindliche Übernahme von Mannesmann durch den englischen Spekulanten Chris Gent kurz den Eindruck entstehen ließ, dass hier bereits amerikanische Verhältnisse eingezogen sind, ist die Auflösung des personalen Netzwerks der deutschen Wirtschaftseliten noch nicht erfolgt. Nach wie vor gibt es das Depotstimmrecht der Banken, das ihnen eine große Macht über die Konzerne sichert, indem die Aktionäre den Banken ihre Stimmen übertragen, es gibt das klassische duale System von Vorstand und Aufsichtsrat, das eine zusätzliche Kontrollmöglichkeit durch die Mitglieder von Banken oder beteiligten Unternehmen schafft, und über die Mitbestimmung sind auch die Arbeiter stimmberechtigt im Aufsichtsrat repräsentiert, der wichtige Entscheidungen des Unternehmens absegnen muss. Auch die deutsche Haltung gegenüber den Vorschlägen der EU-Kommission zur Möglichkeit feindlicher Übernahmen lässt erkennen, dass die Firmenpiraterie hierzulande noch nicht salonfähig geworden ist. Deutschland hatte erfolgreich gegen die von der EU-Kommission vorgeschlagenen neoliberalen Übernahmerichtlinien gekämpft und zum Ärger der Wall Street ihre Annahme verhindern können. Die deutsche Regierung ging sogar noch einen Schritt weiter und erließ ein Gesetz, in dem die Manager das Recht erhielten, Maßnahmen gegen feindliche Übernahmen einzuleiten, ohne ihre Aktionäre zu informieren. Die Verpflichtung zur Information aller Aktionäre hätte die getroffenen Maßnahmen der Firma unterminieren können, denn die Konkurrenz bräuchte sich nur in den Besitz einer einzigen Aktie zu bringen, um über dieselben Informationen zu verfügen und ihre Maßnahmen daran ausrichten zu können. Es handelt sich, wie man sieht, um eine Art von Kriegen, in denen eine restriktive Informationspolitik dem Schutz vor Überfällen und Ausplünderungen dient.

Die Vorstellung, das amerikanische Modell als *best practice* auf das eigene Land übertragen zu wollen, erscheint aus einer nüchternen Betrachtung heraus auch abwegig – selbst wenn man wollte, könnte man eine Praxis nicht ohne weiteres in eine andere Wirtschaftskultur einpflanzen, denn das Umfeld reagiert nicht so wie im Ursprungsland: Der Vereinheitlichung der Welt sind soziale und politische Grenzen gesetzt. Die Finanzgeschichte macht deutlich, dass die Kombination von Universalbanken und Sparkassen für die kontinentaleuropäischen Bedürfnisse ausgezeichnete Ergebnisse geliefert hat und die inländischen Sparpotenziale völlig ausreichten, um ein sozial verkraftbares Wirtschaftswachstum zu induzieren. Die kontinentaleuropäischen Sparer haben zu diesem Zwecke seit jeher den riskanten Aktien die Sicherheit der Obligationen und Sparbücher vorgezogen.

Vielleicht gibt es hierzulande aber nicht die richtige Erwerbsmentalität? Das jedenfalls monierte der amerikanische Ökonom Adam Posen einmal, als er feststellte, dass er den deutschen Mittelstand nicht verstehe: Dieser sei zu wenig an Expansion interessiert. Er hatte beobachtet, dass Handwerker und Mittelständler gar kein Interesse an der Übernahme der Geschäfte ihrer Kollegen haben und sich auch kaum darum bemühen, ihnen in den Nachbarstädten Konkurrenz zu machen, geschweige denn europäische Ambitionen hegen. Posen hat dabei zwar übersehen, dass solche Tendenzen in Europa durchaus zu erkennen sind, aber es ist gewiss eine zutreffende Beobachtung, dass es in Kontinentaleuropa immer noch andere Motive gibt, ein Geschäft zu betreiben, als die Akkumulation von Vermögen. Statt an der Mehrung ihrer finanziellen Chancen sind diese von Posen genannten Mittelständler offenbar eher an der Mehrung ihres Ansehens in ihrem professionell überschaubaren Rahmen interessiert. Die Handwerker mit ihren familiären und beruflichen

Traditionen, die es in den USA nie gab, sind in Kontinentaleuropa in der Tat noch nicht verschwunden.

Es fehlt somit an einem entsprechenden professionellen und mentalen Umfeld für eine Finanzmarktorientierung, wie ihn alte Börsenkulturen wie England und die USA aufweisen, deren Wurzeln in ihrer Seemachtgeschichte und der Praxis der Kolonialunternehmungen liegen. All die traditionellen Kompetenzen und die in vielen Generationen gelebte finanzielle Professionalität, aber auch das notwendige Kritikvermögen sind nicht innerhalb kurzer Zeit zu erwerben. Dass der Zusammenbruch des deutschen »neuen Markts« die Aktienkurse hierzulande viel tiefer stürzen ließ, als in den USA, besagt daher nicht mehr und nicht weniger, als dass die Gewichte der schwachbrüstigen *start-ups* und der diversen hochgejubelten Scheinfirmen für den hiesigen Börsenindex größere Bedeutung hatten als in den USA. Und es ist auch wenig überraschend, dass es hierzulande kaum Erfahrungen mit Klagen gegen falsche Beratungen der Intermediäre gibt: Selbst wo man eindeutige Betrugsbeweise findet, ist oft nicht die entsprechende gesetzliche Regelung vorhanden, wie die juristische Institution der Sammelklage (*class action*), die es in den USA einer großen Masse von Geschädigten erlaubt, sich einer Klage anzuschließen. Es gibt kaum entsprechend geschulte Anwälte, Staatsanwälte oder fachlich kompetente Richter, und es gibt zu wenig finanzpolitisch geschulte Journalisten. Der Versuch der Einführung eines Elements aus einer anderen Kultur zeigt immer wieder seine Grenzen im Fehlen der dazugehörigen Teile. Stattdessen muss man damit rechnen, dass immer dann, wenn Institutionen aus einem politischen oder ökonomischen System übernommen werden sollen, weil man das eigene für veraltet erklärt und behauptet, ein neues Zeitalter sei angebrochen, ein großer Betrug zu erwarten ist. Der gemessene Produktivitätszuwachs lag im Internetzeitalter der zweiten Hälfte der neunziger Jahre auch in den USA mit 2,82 % nicht wesentlich über dem normalen Produktivitätszuwachs von 2,63 %, und damit nur in den letzten Jahren des langen Aufschwungs über dem der westeuropäischen und japanischen Konkurrenz (Scherrer

2002:28). Dass im gleichen Zeitraum die Sparrate der Amerikaner auf einem historischen Tief angelangt war und sich die Verschuldung der USA gegenüber dem Ausland auf 350 Milliarden Dollar vergrößerte, weil der Boom mit ausländischem Kapital finanziert wurde, hat sogar den amerikanischen Notenbankchef Greenspan zu der Warnung vor allzu großer Abhängigkeit vom Ausland veranlasst (Pitz 2000).

Waren die Börse und der »neue Markt« in Deutschland mehr als »events«? Sind sie nicht letztlich beschränkt geblieben auf eine Anlagemöglichkeit für unerwartet reich gewordene Erben, wie der *Spiegel* mutmaßte? Noch sind die Renten nicht an das Auf und Ab der Aktien gebunden wie in den USA. Aber der »neue Markt« war mit den Hoffnungen vieler junger Leute verbunden, die einem windigen Computersweatshop ihre Lebenszeit gewidmet haben und deren Begeisterungsfähigkeit von Betrügern ausgebeutet wurde, die eine soziale Absicherung für altmodisch erklärten. Die Illusion der »neuen Ökonomie« lag in der Überwindung des Zeitalters der materiellen Produktion – Buchprüfer werteten Namen, Patente und Wachstumsaussichten einer Firma als Haben, nicht die Verkäufe auf dem Markt. Mit dem Zusammenbruch des »neuen Markts« wurde diese Illusion wieder begraben, und die Anleger suchen erneut nach solideren Anlagen wie Häusern und Staatsobligationen.

Der Rückschlag für den Aktionärskapitalismus hat das traditionelle Misstrauen gegen die Börsen wieder verstärkt, und im Kräftemessen um das Überleben des rheinischen Kapitalismus hat das deutsche Modell gute Chancen zu überdauern. In einer Untersuchung kommt der Soziologe Thomas Heinze (*KZfSS* 4/2001) zu dem Schluss, dass das deutsche Unternehmenskontrollsystem weder zusammengebrochen sei noch durch das angelsächsische ersetzt wurde. Diese Einschätzung wird auch von einer Untersuchung der Universität Frankfurt bestätigt, in der Andreas Hackethal den Fortbestand der strukturellen Differenzen zwischen dem deutschen und dem amerikanischen Finanzsystem feststellt (Hackethal 2000). In bankgestützten Finanzsystemen werden die Funktionen der Informationsgewinnung, der Risikoallokation, der Finanzierung und der

Überwachung von den Banken übernommen, sodass die Nachfrage nach Finanzinnovationen und den entsprechenden Märkten relativ gering bleibt. In marktbasierten Finanzsystemen mit funktional spezialisierten Finanzorganen dagegen ergänzen und verstärken sich rasche Finanzinnovation und zunehmende Spezialisierung der Finanzmärkte gegenseitig. Finanzsysteme werden sich daher, so lautet auch die Ansicht der Finanzwissenschaftler Boot und Thakor (1996), nicht aufeinander zubewegen, weil sie an ihren eigenen Entwicklungspfad gebunden sind, den sie nicht ohne Einbußen an Kompetenz und damit an Wettbewerbsfähigkeit verlassen können. Obwohl alle fünf von Hackethal untersuchten Länder in mehr oder minder großem Ausmaß von Deregulierungen betroffen waren, lassen sich keine Anzeichen von Konvergenz erkennen. Stattdessen nimmt die Rolle der Banken als direkte Geschäftspartner der Firmen in den vier Ländern, in denen sie bisher die Rolle der Kreditgeber hatten, eher zu. Der von der genannten Finanzgruppe um die Deutsche Bank und die Allianz und von vielen anderen erwartete Trend zur Übernahme der Kreditfunktionen durch Börsen und Finanzmärkte hat sich also offenbar noch nicht durchgesetzt.

## Ausblick

Dass die Globalisierung nicht so sehr naturwüchsiger Sachzwang ist, sondern vielmehr ein Argument, mit dem Umverteilung und Politikversagen kaschiert werden, zeigt eine Studie über das Beispiel Japan. Japan wird hierzulande derzeit nur unter dem Gesichtspunkt des schwachen Wachstums und der Resistenz gegen die amerikanischen Ratschläge zur Reduzierung des Staatshaushalts betrachtet. Abgesehen von dem oberflächlichen Wachstumsfetischismus, dem eine solche Betrachtung unterliegt – Japan ist immer noch der größte Kreditgeber der Welt mit der höchsten Sparrate, während die USA das größte Schuldnerland der Welt ist –, erweist sie sich als kurzsichtig und in gewisser Weise auch als ethnozentrisch. Wegen seiner abweichenden

Prioritäten bezeichnen Richard Child Hill und Kuniko Fujita Japan sogar als eine »nicht-kapitalistische, organisierte Marktwirtschaft, die sich fundamental von westlichen Kapitalismusmodellen unterscheidet« (Hill/Fujita 2000). Die japanische Gesellschaft könnte dem zweiten Szenario von Andersen Consulting geradezu als Modell gedient haben: Während in den westlichen Ländern Europas und in Nordamerika eine Tendenz zur Subvention von Unternehmen durch Steuererleichterungen, Verbilligung von Humankapital durch entsprechende Arbeitsmarktderegulierungen und Dienstleistungsauslagerung bei gleichzeitiger Reduzierung des Personals und der Ausgaben der öffentlichen Hand stattfindet, gibt es in Japan weder eine Tendenz zur Reduzierung der Staatsausgaben noch zur Privatisierung der Leistungen von Gemeinden. Und während man in Deutschland darauf dringt, die Rentenversicherungsbeiträge auf die Schultern der Arbeitnehmer zu verlagern und die Betriebsrenten entweder abgeschafft oder stark gekürzt werden, während die Krankenkosten in den USA nur noch zur Hälfte von der Krankenversicherung bezahlt werden, hat sich der japanische »Gold-Plan« von 1991 ebenso wie der »Neue Gold-Plan« von 1997 das Ziel gesetzt, die Sicherung der Versorgung der Individuen durch den Staat zu gewährleisten. Statt einer Stärkung der so genannten Flexibilisierung, die kurzfristige Arbeitsverträge und abgesenkte Löhne gestatten, lässt sich in Japan eine Neigung des Staates zur Unterstützung von nachhaltigen Investitionen in das Humankapital und langfristige Beschäftigung feststellen. Japan befindet sich auch eine Dekade nach dem Globalisierungsschub der westlichen Staaten noch immer auf seinem eigenen Entwicklungsweg.

Das Beispiel Japan zeigt, dass wir die Chancen für die Verfolgung eigener gesellschaftlicher Entwicklungspfade verpassen könnten, wenn wir unseren Blick nur sklavisch auf das Vorbild der Weltmacht richten, statt auch alternative Staatsformationen zu betrachten und die politischen Widersprüche im Weltsystem produktiv zu deuten. Die von der Globalisierungstheorie ausgehende These, dass bei Strafe des Untergangs die effizienteste Praxis übernommen werden muss, steht sowohl empirisch als auch theoretisch auf schwachen Füßen. Weder ist empirisch ein klarer Trend zur Konvergenz feststellbar, noch ist gesichert, dass die Übernahme einer Praxis zum selben Ergebnis führt wie im Ursprungsland. Das Beispiel der deutschen Banken, die das amerikanische Modell einführen wollten, zeigt gerade die Grenzen solcher Adaption fremder Institutionen auf. Im Wettbewerb ist im Übrigen auch nicht allein der Preis ausschlaggebend, denn zum einen sind viele wirtschaftliche Tätigkeiten nach wie vor nicht der direkten Konkurrenz ausgesetzt, zum anderen kann eine Spezialisierung der wirtschaftspolitischen Institutionen selbst unter Wettbewerbsbedingungen gut begründet werden, wenn man den globalen Wettbewerb nicht begrenzen bzw. kontrollieren will (vgl. Scherrer 2001).

Deutschland kann einen eigenen, selbstbestimmten Weg nur im Rahmen der Europäischen Union verfolgen, das war die Lehre aus dem Zweiten Weltkrieg. Nur in der EU besteht die Chance, eine relative Autonomie sowie kulturelle und zivilisatorische Eigenständigkeit zu bewahren. Die Szenarien von Andersen Consulting zeigen die Möglichkeiten auf, die Europas Zukunft beinhalten: Im Rahmen der Weltökonomie kann Europa sich nur behaupten, wenn es als starke politische Einheit auftritt. Nur dann kann es seine aufgeklärten Wohlfahrtsstaaten (Conscience Europe), seine gefährdete, aber noch nicht völlig zerstörte landwirtschaftliche Diversität, seine produktiven mittelständischen Betriebe und seine städtisch-gewerblichen und industriellen Eigenheiten bewahren.

Als dritte Kraft neben England und Frankreich kommt Deutschland in der Frage der Gestaltung Europas eine Schlüsselrolle zu: Orientiert sich Deutschland an neoliberalen angelsächsischen *shareholder value*-Modellen, dann verspielt es die Chance der Etablierung einer europäischen Zivilgesellschaft und wird als eigenständige Kraft in der Weltpolitik nicht mehr zu erkennen sein. Denn mit der Verfolgung des *shareholder value*, der Aktienwertsteigerung als Unternehmensziel, wird ein Umverteilungsprogramm zugunsten der Finanzmärkte eingeleitet, das zu Lasten der *stakeholder* geht, der Gemeinden, der Mitarbeiter und des Umweltschutzes. Die Folgen sind mehrfach beschrieben worden – Deindustrialisierung von Regionen, wachsende Instabilität der Produktion mit wachsender Abhängigkeit von den Launen der Finanzmärkte, Schwächung des Mittelstands und Zunahme prekärer Arbeitsverhältnisse und die Verarmung der Gemeinden und Staaten. Ein armer Staat aber ist ein schwacher Staat mit schwachen Institutionen. Europa wird zum Patchwork-Europa, und Deutschland zu einem deregulierten Territorium des amerikanischen Weltreichs, ohne in den demokratischen Gremien der USA mitbestimmen zu können.

Angesichts der *special relationship* Englands zu den USA kann die Alternative eines starken Europa sich daher nur aus dem engeren politischen Schulterschluss mit den kontinentaleuropäischen Mächten, mit Frankreich und den Mittelmeeranrainern ergeben. Nur ein in sich konsolidiertes Europa, das mit den östlichen Nachbarn und Russland intensive Beziehungen pflegt, hat die Chance, gegenüber den USA eine eigenständige Position als produktionsorientiertes wohlfahrtsstaatliches Gebilde aufrechtzuerhalten. Nur durch eine solche Politik kann man den politischen, militärischen und den Finanzzwängen entgehen, welche die Weltmacht derzeit auf Europa durch *divide et impera*, durch das Ausspielen der innereuropäischen Gegensätze ausübt.

Die Integration Europas darf nicht dem Markt überlassen werden, sondern muss im Prozess der demokratischen Gestaltung viel stärker noch als zentrale politische Ebene des konkreten Handelns begriffen werden, um den Abbau des Mittelstands, die drohende Entstehung krasser sozialer Ungleichheiten, die Verslumung und Verödung von Landstrichen zu verhindern und zugleich den zunehmenden ökologischen Herausforderungen gewachsen zu sein, die sich in den Überschwemmungskatastrophen und Krisen der Landwirtschaft ankündigen. Europa kann in seinem derzeitigen Zustand nicht global handeln, deshalb muss es bereit sein, sich als Insel zu begreifen, denn nur aus einer solchen Position heraus kann es eine Unabhängigkeit und Stärke mit globaler Ausstrahlung entwickeln.

Der Prozess der Neudefinition Europas nach dem Ende der Kalten Kriegs verlangt langfristige Zeitperspektiven, Ausdauer und Diplomatie, und er kann nur Erfolg haben, wenn weder die demokratische Substanz der viel beschworenen Effizienz geopfert werden, noch die regionale landwirtschaftliche, mittelständische und kulturelle urbane Vielfalt dem angeblichen Zwang zur wirtschaftlichen Größe. Denn Europa kann nur unter Wahrung seiner Besonderheiten als eigenständiges politisches Gebilde von Bedeutung überleben.

# Literaturangaben


## Einleitung

Susanne K. Schmidt, »Liberalisierung in Europa. Die Rolle der Europäischen Kommission«, Campus Verlag, Frankfurt/M. 1998

## 1. Kapitel:

John Kenneth Galbraith, »Money. Whence it came, where it went«, Houghton Mifflin, Boston/New York 1995

Joseph Stiglitz, »The Roaring Nineties«, *Atlantic Monthly*, Boston, Oktober 2002

John Gray, »Die falsche Verheißung. Der globale Kapitalismus und seine Folgen«, übers. v. Klaus Binder und Bernd Leineweber, Alexander Fest Verlag, Berlin 1999

Christoph Scherrer, »Globalisierung wider Willen? Die Durchsetzung liberaler Außenwirtschaftspolitik in den USA«, Edition Sigma, Berlin 1999

Moises Naim, »Fads and Fashions in Economic Reforms: Washington Consensus or Washington Confusion?«, Working Paper des Internationalen Währungsfonds 1999

John Williamson, »What should the Bank think about the Washington Consensus?«, Working Paper der Weltbank 1999

Michael C. Jensen, William H. Meckling, »The Nature of Man«, *Journal of Applied Corporate Finance*, Summer 1994, V. 7, No 2, S. 4–19

Michael C. Jensen, »Paying People to Lie: The Truth about the Budgeting Process«, Harvard Business School Working Paper 01–172, September 2001

## 2. Kapitel

Manuel Castells, »Das Informationszeitalter: Wirtschaft – Gesellschaft – Kultur«, 3 Bde., Leske & Budrich, Opladen 2001-2002

Luc Boltanski/Eva Chiapello, »Der neue Geist des Kapitalismus«, *Berliner Journal für Soziologie* 4/2001

## 3. Kapitel

Giovanni Arrighi, »The Long Twentieth Century. Money, Power, and the Origins of Our Times«, Verso Books, London 1999

Anthony Sampson, »Die Manager. Portrait einer Führungskaste«, übers. v. Thorsten Schmidt, Hoffmann und Campe, Hamburg 1996

ders. »Globalmacht Geld. Der neue Reichtum in West und Ost«, übers. von Elke Hosfeld, Hoffmann und Campe, Hamburg 1990

James B. Stewart, »Club der Diebe« (»Den of Thieves«), übers. von Klaus-Dieter Schmidt, Ullstein Verlag, Berlin 1992

Connie Bruck, »The Predator's Ball. The History of Drexel Burnham and the Rise of Junk Bond Raiders«, Penguin Books, New York 1989

### 4. Kapitel

James B. Stewart, »Club der Diebe« (»Den of Thieves«), übers. von Klaus-Dieter Schmidt, Ullstein Verlag, Berlin 1992

Clarence C. Walton, »Soziale Verantwortung von Unternehmen«, übers. v. Thomas Pfeiffer, Gerling Akademie Verlag 1999

Michael C. Jensen, William H. Meckling, »The Nature of Man«, *Journal of Applied Corporate Finance*, Summer 1994, V. 7, No 2, S. 4–19

John Cassidy, »The Greed Cycle«, *The New Yorker*, 23. September 2002

Michael C. Jensen, »Paying people to Lie: The Truth about the Budgeting Process«, Harvard Business School Working Paper 01–172, September 2001

### 5. Kapitel

David Cay Johnston, »Big Accounting Firm's Tax Plans Help the Wealthy Conceal Income«, *New York Times*, 20. Juni 2002

Arthur Levitt, »Take on the Street. What Wall Street and Corporate America don't Want to Know«, Pantheon, New York 2002

Joseph Stiglitz, »The Roaring Nineties«, *Atlantic Monthly*, Oktober 2002

### 6. Kapitel

Derek Matthews/Malcolm Anderson/Richard Edwards, »Priesthood of industry – The Rise of the professional Accountant in British Management«, Oxford University Press, Oxford 1998

Hans-Jochen Luhmann, »Barings Bank«, in »Die Blindheit der Gesellschaft. Filter der Risikowahrnehmung«, Gerling Akademie Verlag, München 2001

André Simms, »Five brothers. The Rise and Nemesis of the Big Bean Counters », New Economics Foundation (NEF), London 2002

### 7. Kapitel

Michael Lewis, »Wall Street Poker. Die authentische Geschichte eines Salomon-Brokers«, übers. v. Angelika Bardeleben, Econ Verlag, Düsseldorf, Wien, New York 1990

Malcolm Gladwell, »The Talent Myth. Are Smart People Overrated?«, *The New Yorker*, 16. Juli 2002

Gary Hamel, »Leading the Revolution«, Harvard Business Press, Boston 2000

Christopher Lasch, »Das Zeitalter des Narzissmus«, übers. v. Gerhard Burmundt, Campe Paperback, Hamburg 1995

Stephen Labaton, »Downturn and Shift in Population Feed Boom in White-Collar Crime«, *New York Times*, 2. Juni 2002

### 8. Kapitel

Claudia Goldin, Robert A. Margo, »The Great Compression: The Wage Structure in the United States at Mid Century«, *The Quarterly Journal of Economics*, V. 107. Iss. 1, Februar 1992, S. 1–34

Kevin Phillips, »Wealth and Democracy. A Political History of the American Rich«, Broadway Books, Random House, New York 2002

Ekkehard Wenger, »Wer profitiert von Fusionen?«, *EURO Wirtschaftsmagazin* Nr. 12, Dezember 1998

Thorstein Veblen, »The Theory of the Leisure Class. An Economic Study of Institutions«, New York 1899, Deutsch: »Theorie der feinen Leute. Eine ökonomische Untersuchung der Institutionen«, übers. v. Susanne Heintz/Peter v. Haselberg, Kiepenheuer & Witsch, Köln 1958 (zuletzt: Fischer TB, Frankfurt/M. 1997)
Joseph Epstein, »Snobbery: The American Version«, Houghton & Mifflin, Boston/New York 2002
Alex Kuczinsky, »Lifestyle of the Rich and Shameless«, *International Herald Tribune*, 26. Nov. 2002

### 9. Kapitel

Marieke de Goede, »Discourses of Scientific Finance and the Failure of Long-Term Capital Management«, *New Political Economy*, V. 6, Nr. 2/2001, S. 149–170
Peter L. Bernstein, »Capital Ideas: The Impropable Origins of Modern Wall Street«, New York 1992
ders., »Wider die Götter. Die Geschichte von Risiko und Riskmanagement«, Gerling Akademie Verlag, München 1997
Nicholas Dunbar, »Inventing Money. The Story of Long Term Capital Management and the Legends behind it«, Wiley, Chichester 2001
Roger Lowenstein, »Der große Irrtum. Die spektakuläre Geschichte von Aufstieg und Untergang des raffiniertesten Investmentfonds aller Zeiten«, Deutsche Verlagsanstalt, München 2001

### 10. Kapitel

Anthony Sampson, »Globalmacht Geld. Der neue Reichtum in West und Fernost«, Hoffmann und Campe, Hamburg 1990
Robert Bryce, »Pipe Dreams. Greed Ego and the Death of Enron«, Public Affairs, Oxford 2002
Charlie Higley, »Money Harvest: Utility Holding Companies are Threshing Ratepayers«, Public Citizen, Washington 1999
»The Public Utility Holding Company Act and the Protection of Energy Consumers: an Examination of the Corporate Records of the top Companies Pushing for PUHCA Repeal«, Public Citizen, Washington, September 2002
Rachel Brahinsky, Savannah Blackwell, »PG&E«, Zusammenstellung der Beiträge über die kalifornische Energiekrise im *San Francisco Bay Guardian*, sfbg.com
»Electricity Restructuring and the Environment. A U.S.-German Dialogue«, Heinrich Boell Foundation, Washington 2000
»Blind Faith: How Deregulation and Enron's Influence over Government Looted Billions from Americans«, Public Citizen, Washington Dezember 2001

### 11. Kapitel

Ellis Vernon »Europe 2008: The Shape(s) of Things to Come«, *Outlook Journal* der Firma Arthur Andersen, 1998.

## 12. Kapitel

Derek Matthews/Malcolm Anderson/Richard Edwards, »Priesthood of Industry – The Rise of the Professional Accountant in British Management«, Oxford University Press, Oxford 1998

*Guardian Unlimited*, 31. Oktober 2001, Special Reports: »What is Globalisation?«

Ronald Dore, »Stock Market Capitalism: Welfare Capitalism. Japan and Germany versus the Anglo-Saxons«, Oxford University Press, Oxford 2000

Berliner Initiativkreis, »German Code of Corporate Governance«, www.gccg.de; Sprecher: Prof. Dr. Axel von Werder, TU Berlin

Thomas Heinze, »Transformation des deutschen Unternehmenskontrollsystems?«, in: *Kölner Zeitschrift für Soziologie und Sozialpsychologie* 4/2001, S. 641–673

Andreas Hackethal, »How Unique are US-Banks? The Role of Banks in Five Major Financial Systems«, Working paper Nr. 60, Dezember 2000, FB Wirtschaftswissenschaften, Johann Wolfgang Goethe Universität, Frankfurt

A.W. Boot / A.V. Thakor (1996), »Banking Structure and Financial Innovation«, zit. bei Hackethal

Richard Child Hill / Kuniko Fujita, »State Restructuring and Local Power in Japan«, *Urban Studies* V. 37, 2000, Nr.4, S.673–690

Christoph Scherrer, »Jenseits von Pfadabhängigkeit und ›natürlicher Auslese‹. Institutionentransfer aus diskursanalytischer Perspektive«, Wissenschaftszentrum Berlin, Working Paper FS II 01-205, August 2001

Karl H. Pitz, »The U.S. Trade Deficit: A View from Europe. An Evaluation for the Trade Deficit Review Commission of the U.S. Congress, CenterAgendaConsulting, Frankfurt/Washington 2000

Umschlaggestaltung: Michel Keller, München
Satz: Frese, München
Druck & Bindung: Clausen & Bosse, Leck
ISBN 3-88897-328-1
1 2 3 4 5 6 • 06 05 04 03